新质化探索

政务热线新能量场建设实践

北京零点有数数据科技股份有限公司 著

主编 付艳华
执行主编 王慧萍 刘桂兰 焦明远
副主编 于相龙 林伟 梁春鼎

上海社会科学院出版社
SHANGHAI ACADEMY OF SOCIAL SCIENCES PRESS

编 委 会

指　　导　袁　岳　许正军
主　　编　付艳华
执行主编　王慧萍　刘桂兰　焦明远
副 主 编　于相龙　林　伟　梁春鼎
编　　委　郭　霞　王绍雨　林子轩　张天舒
　　　　　张燕玲　李　雯　张珍珍

引言
启航新征程

经过40多年的发展，12345政务服务便民热线（以下简称"12345热线"）在政府服务体系中扮演着越来越重要的角色。北京零点有数数据科技股份有限公司认为，如果用"地线"比喻企业群众通过热线反映的各种诉求，用"天线"比喻各级党委政府领导的管理决策，12345热线就是"天线"与"地线"之间的重要"连线"。《国务院办公厅关于进一步优化地方政务服务便民热线的指导意见》（国办发〔2020〕53号）发布后，全国各

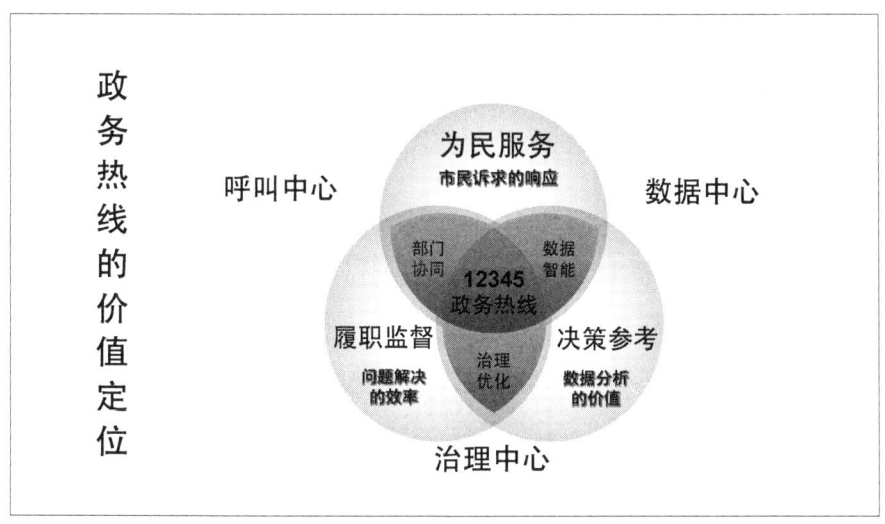

省市12345热线获得了比以往更多的领导关注和资源投入,完成了从呼叫中心到数据中心、治理中心的嬗变。

作为党委政府和企业群众的连心桥,12345热线不仅是事务办理的高效平台,更是问题解决的创新孵化器。在这里,无论事务大小,民众均可寻求帮助,体验从咨询到办理的全链条服务。面对挑战与难题,12345热线启动专项分析机制,以创新思维探寻更优解决方案,催生出一系列机制创新和政策革新。这种集咨询、办理、分析、创新于一体的运作模式,将企业群众、12345热线、党委政府及其职能部门、公共服务企业、群团组织等各类主体汇聚在一起并使其相互作用,形成政务热线独特的"场"效应——一个充满活力、勇于创新的能量场。

2024年国务院《政府工作报告》特别强调"大力推进现代化产业体系建设,加快发展新质生产力"的重要性。这一要求与当前阶段政务热线转型发展的方向高度一致,基于人工智能、大数据等新技术应用的政务热线新能量场建设是经济社会发展的必然要求。

本书从高效能、高质量、高科技三个角度阐述全国12345热线的发展现状和蜕变逻辑,并对未来进行展望。其中,第一章"蓄势待发:构建高效能发展基础",介绍12345热线高效能建设现状,包括体制机制、服务模式和管理抓手;第二章"拥抱转型:实现高质量发展跃升",剖析如何从12345热线自身能力建设、协同能力建设和智库能力建设三个层面向高质量发展转型;第三章"勇开新局:探索高科技应用实践",重点介绍人工智能、大数据等前沿技术如何助力热线运营增效提质、数据应用融会贯通;第四章"未来已来:绘制可持续发展蓝图",总结12345热线新质发展面临的困境,提出未来发展方向。

作为深耕政务热线领域 14 年的专业服务机构,我们希望这本书能够激发 12345 热线同仁们更多的思考和讨论,成为推动 12345 热线迈入新质发展的新起点。我们也期待与大家一起见证并参与这一激动人心的变革旅程!

目录 CONTENTS

引　言　启航新征程 ……………………………………………… 001

第一章　蓄势待发：构建高效能发展基础 …………………… 001
　一、体制机制：各具优势、特色鲜明的管理模式 …………… 003
　二、服务模式：持续提升、不断优化的服务效能 …………… 011
　三、管理抓手：以评促改、驱动创新的考核机制 …………… 015

第二章　拥抱转型：实现高质量发展跃升 …………………… 027
　一、加强自身能力建设，促进运营管理高质量发展 ………… 029
　二、加强协同能力建设，促进诉求办理高质量发展 ………… 037
　三、加强智库能力建设，促进社会治理高质量发展 ………… 049

第三章　勇开新局：探索高科技应用实践 …………………… 065
　一、人工智能算法迭代，数字技术推动新质热线发展 ……… 067
　二、技术赋能运营提效，从人力服务转向人机交互 ………… 079
　三、数据应用拓展边界，由人工统计转向算法生成 ………… 092

第四章　未来已来：绘制可持续发展蓝图 …………… 103
　一、不断整合新资源，推动热线高效化协同 …………… 105
　二、积极应用新技术，加速热线智能化转型 …………… 107
　三、持续探索新场景，拓展热线价值化赋能 …………… 110

附录　政务服务便民热线发展回顾 …………… 113
　一、初创：早期探索阶段(1983—1997年) …………… 115
　二、破局：升级发展阶段(1998—2009年) …………… 117
　三、成熟：整合规范阶段(2010—2019年) …………… 120
　四、转型：融合创新阶段(2020年至今) …………… 125

致　谢 …………… 131

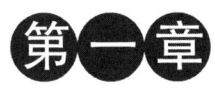

蓄势待发:
构建高效能发展基础

12345政务服务便民热线(以下简称"12345热线")的高效能运作离不开构建高效能的发展模式,需要通过高效协同、高效服务、高效管理来实现整体高效能发展。从12345热线发展现状看,各地12345热线在从呼叫中心向数据中心、治理中心不断跃升的过程中,基于本地的发展基础、发展条件和发展环境,因地制宜地形成了各具特色的发展模式,并在不同发展模式下不断探索创新、蓄势待发,为向新质热线蜕变积蓄着力量。总体上看,体制机制建设、服务效能提升和管理督办优化是政务热线开启新能量场建设的基础。

一、体制机制:各具优势、特色鲜明的管理模式

上下协同、高效运作的管理模式是12345热线高效能发展的重要基础。随着时代进步,市民需求不断多样化,各地12345热线基于不同的内部条件和外部环境,形成了各具特色的管理模式,推动12345热线迈向专业化和现代化,为提升政府服务效能、增强人民满意度发挥了重要作用。北京零点有数数据科技股份有限公司(以下简称"零点有数")基于全国12345热线调研成果,梳理、总结出典型的管理模式及其特点,为相关部门了解和进一步优化管理模式提供参考。

(一)管理体制:机构设置及其类型

12345热线主管部门的类型、级别和职能关系到12345热线与其他

职能部门进行互动和协作的形式。从省级层面看,各省(自治区、直辖市)12345热线的主管部门在行业条线和类型上存在一定差异,不同类型的管理体制为各地12345热线形成具有本地特色的工作模式和进行服务创新奠定了基础。

在主管部门类型方面, 主要有党的工作机关、政府行政机构和事业单位三种类型,不同类型的主管部门的权威性、管理模式不同,导致12345热线管理模式也存在差异。**一是86.67%的主管部门为政府行政机构,** 包括政府办公厅、政府组成部门、政府直属机构三类。根据行政机构设置和编制管理条例,以上三类政府行政机构的权威性和统筹协调力度往往递减。**二是6.67%的主管部门为党委职能部门或党委办公厅管理机构,** 主要包括浙江、湖南两地。**三是6.67%的主管部门为省政府直属事业单位,** 主要包括四川省、甘肃省两地①。

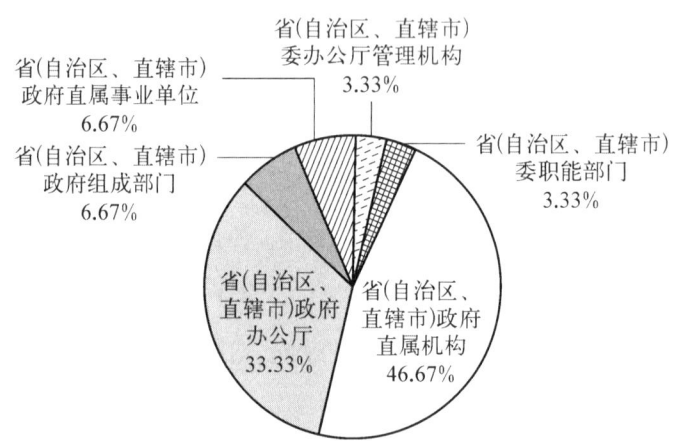

图1 12345热线主管部门的类型及其占比

在主管部门行业分类方面, 行业主管部门在本行业领域的统筹协调能力更强,更容易在本行业领域产生创新模式。**一是33.33%的主管部**

---

① 部分数据因四舍五入,存在总计与分项合计不等的情况。

门为政府办,其在统筹指导、组织协调、督促督办等方面具有体制优势。二是26.67%的主管部门为政务服务和数据管理部门,兼顾政务服务和数据管理两方面工作,更容易将12345热线服务与政务服务、数字政府建设进行融合,并在相关领域产生模式创新和服务创新。另有13.33%的主管部门为数据管理部门,6.67%的主管部门为政务服务部门。三是10%的主管部门为营商环境和数据管理部门,对12345热线在提升企业服务水平、助力优化营商环境方面的统筹规划更优、协调力度更大、工作效率更高。四是6.67%的主管部门为信访部门,其在深入全面掌握民情民意、高效处理诉求、促进社会稳定和谐、推动政策优化与调整等方面具有显著优势。五是3.33%的主管部门为社会工作部门,突出党建引领,深化12345热线在社会工作方面的价值,更有利于提升治理韧性。

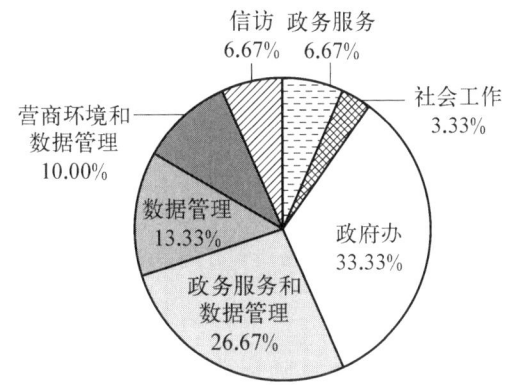

图2 12345热线主管部门的行业分类及其占比

表1 部分省(自治区、直辖市)12345热线主管部门的类型和行业分类

序号	行政级别	地区	主管部门	部门类型	部门行业
1	直辖市	北京市	北京市政务服务和数据管理局	政府直属机构	政务服务和数据管理

续 表

序号	行政级别	地 区	主 管 部 门	部门类型	部门行业
2	直辖市	天津市	天津市人民政府政务服务办公室	政府直属机构	政务服务
3	省	河北省	河北省数据和政务服务局	政府直属机构	政务服务和数据管理
4	省	山西省	山西省行政审批服务管理局	政府直属机构	政务服务和数据管理
5	自治区	内蒙古自治区	内蒙古自治区政务服务与数据管理局	政府直属机构	政务服务和数据管理
6	省	辽宁省	辽宁省数据局（辽宁省营商环境建设局）	政府直属机构	营商环境和数据管理
7	省	吉林省	吉林省政务服务和数字化建设管理局	政府直属机构	政务服务和数据管理
8	省	黑龙江省	黑龙江省营商环境建设监督局	政府直属机构	营商环境和数据管理
9	直辖市	上海市	上海市信访办公室	政府直属机构	信访
10	省	江苏省	江苏省数据局（江苏省政务服务管理办公室）	政府直属机构	政务服务和数据管理
11	省	浙江省	中共浙江省委、浙江省人民政府信访局	省委办公厅管理的正厅级行政机构	信访
12	省	安徽省	安徽省人民政府办公厅	政府办公厅	政府办
13	省	福建省	福建省人民政府办公厅	政府办公厅	政府办
14	省	江西省	江西省人民政府办公厅	政府办公厅	政府办

续 表

序号	行政级别	地 区	主 管 部 门	部门类型	部门行业
15	省	山东省	山东省人民政府办公厅	政府办公厅	政府办
16	省	河南省	河南省行政审批和政务信息管理局	政府直属机构	政务服务和数据管理
17	省	湖北省	湖北省数据局	政府直属机构	数据管理
18	省	湖南省	省委社会工作部	省委职能部门	社会工作
19	省	广东省	广东省政务服务和数据管理局	政府直属机构	政务服务和数据管理
20	自治区	广西壮族自治区	广西壮族自治区大数据发展局	政府直属机构	数据管理
21	省	海南省	海南省营商环境建设厅	政府组成部门	营商环境和数据管理
22	直辖市	重庆市	重庆市人民政府办公厅	政府办公厅	政府办
23	省	四川省	四川省政府政务服务和公共资源交易服务中心	省政府直属正厅级事业单位	政务服务
24	省	贵州省	贵州省人民政府办公厅	政府办公厅	政府办
25	省	云南省	云南省人民政府办公厅	政府办公厅	政府办
26	省	陕西省	陕西省人民政府办公厅	政府办公厅	政府办
27	省	甘肃省	甘肃省大数据中心	省政府直属正厅级公益一类事业单位	数据管理
28	省	青海省	青海省人民政府办公厅	政府办公厅	政府办

续 表

序号	行政级别	地 区	主 管 部 门	部门类型	部门行业
29	自治区	宁夏回族自治区	宁夏回族自治区人民政府办公厅	政府办公厅	政府办
30	自治区	新疆维吾尔自治区	新疆维吾尔自治区数字化发展局	政府组成部门	数据管理

注：以上信息由零点有数基于公开信息或调研信息整理（截至2025年3月）。

(二) 管理机制：两种模式及其优势

从省、市管理和服务一体化程度来看，各地12345热线可以分为业务规范标准化、行业部门专业化和业务系统一体化三个层次，三个层次的一体化程度逐层提高。根据调研结果，**95%的省级行政区达到业务规范标准化层次，**出台了全省层面的12345热线管理办法或相关业务规范，对全省12345热线的管理体制机制、工作范围、工作流程、监督考核、数据管理等主要业务进行规范。**36%的省级行政区达到行业部门专业化层次，**省、市两级12345热线主管部门实现行业条线相对统一，为提升管理效率、降低行政成本、强化内部监管、促进行业发展提供了有力的体制机制条件。**32%的省级行政区达到业务系统一体化层次，**从底层业务系统层面对流程、标准进行统一，提升了资源整合、信息共享、一站式服务、统一监督等工作的便利性和效率。

结合各省12345热线的管理机制和一体化发展情况，国内12345热线主要存在省市县一体化管理和各级独立自主管理两种管理模式，各有其优势。

1. 省市县一体化管理模式

省市县一体化管理模式是指以一体化为发展方向，通过统一业务规范、行业管理、业务系统等工作方面,形成省市县上下一体的管理矩阵,以全面提升全省12345热线工作的效率、质量、技术、能力。

省市县一体化管理模式具有以下特征:**在管理体制方面**,省、市两级均归口至统一的行业主管部门,形成上下统一的业务管理和指导体系及体制机制格局。**在业务标准方面**,以规范性文件和地方标准的形式对全省12345热线建设标准予以明确,实现全省一盘棋,发挥省级单位在宏观管理、统筹协调、决策参考、数据应用等方面的引领作用。**在服务模式方面**,其改革创新逻辑往往是自上而下的,即由省级部门基于自身较强的统筹力度和资源能力,快速将相关标准、资源、技术赋能给下级市县部门,快速提升落实市县部门的服务能力,实现全省均衡发展。**在业务系统方面**,一般由省级主管单位统建12345热线平台,从底层解决建设运维费用重复投入、资源共享共建能力不足、跨地区跨层级协同难、数据标准不一致等问题。

省市县一体化管理模式具有以下优势:**一是统一服务标准和质量,有利于提升群众和企业的感受**。该模式能够确保各级12345热线在业务标准、工作流程、服务质量等方面保持一致,从而提供统一、规范的服务体验,减少因地区差异带来的服务差异。**二是便于资源共享和高效协同,提升了整体管理效率**。该模式能够实现人员、技术、数据等资源的有效整合和共享,通过建立一体化的管理模式,可以实现跨地区、跨部门的协同作战,快速响应和处理市民诉求,从而提升整体运营效率。**三是有利于实现数据汇聚融合,提供更高质量的决策支撑**。该模式便于数据的集中管理和分析,通过对海量数据的挖掘和分析,可以发现服务中的短板和瓶颈,为制定有针对性的改进措施提供依据,也有助于政府更准确地掌握社情民意,为决策提供有力支持。**四是有利于降低行政和运营成本**。省市县一体化的管理模式有助于降低各级政府在12345热线建设、业务研究、统筹协调等方面的成本,提高资金使用效率。

2. 各级独立自主管理模式

各级独立自主管理模式是指省、市等各级12345热线管理机构在遵循一定程度的统一指导原则和标准的基础上,拥有相对独立的管理和运作机制,以因地制宜地满足不同层级、不同地区多样化管理、服务的需要,进而涌现出各具特色的服务品牌和创新做法的一种模式。

各级独立自主管理模式具有以下特征:**在管理体制方面,**不同层级、不同地区12345热线主管部门的机构性质和行业类型往往不同,不同的主管部门性质、行业使得各地形成了不同的管理风格、管理模式。**在业务标准方面,**不同层级、不同地区的业务流程、业务规范、业务分类存在差异。例如,同一省份不同地市的工单类型、办理时限、满意度评价、诉求来源存在差异,部分地区存在下一级12345热线的办理时限略高于上一级等情况。**在服务模式方面,**这种管理模式的改革创新逻辑往往是自下而上的,不同地区12345热线致力于创建有自身特色的工作模式或服务品牌,而非复制其他地区的成熟经验,容易形成"百花齐放"的创新氛围。**在业务系统方面,**各省市12345热线均自建并运营12345热线业务系统,不同地区业务系统在建设内容、数智化程度、特色功能等方面各不相同。

各级独立自主管理模式具有以下优势:**一是适应性强。**各级自主发展管理模式允许各地根据自身的实际情况和需求制定业务规范和服务标准,具有较强的适应性和灵活性。可以快速响应和满足市民的多样化需求,提供更加贴近民生、贴近实际的服务。**二是创新空间大。**在各级自主管理发展模式下,各地可以积极探索和创新服务模式、技术手段和管理机制,推动12345热线服务不断创新和发展,有助于形成各具特色的服务品牌和服务模式,提升政府服务形象。**三是责任相对明确。**在各级自主发展管理模式下,各级政府和部门在 12345 热线服务中承担明确的责任和义务,有助于提升服务意识和责任意识。

二、服务模式:持续提升、不断优化的服务效能

构建高效运作的服务模式、不断提升服务效能是推动 12345 热线高效能发展的重要内容。从早期的市长公开电话到如今的 12345 政务服务便民热线,12345 热线走过了一段以"接得更快"为目标的高效能发展之路。

零点有数自 2011 年开始持续监测全国政务热线的服务质量①。数据显示,最近 10 年 12345 热线服务质量呈现持续提升态势。2018 年政务热线首次出现在国家层面的文件《2018 年政务公开工作要点》,有效提升了地方政府对热线的重视程度;国办发〔2020〕53 号文发布以后,各

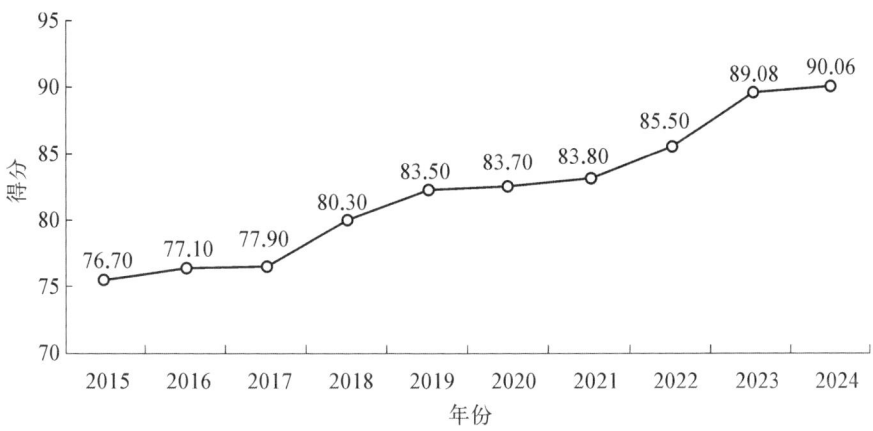

图 3　近 10 年全国 12345 热线服务质量得分②

---

① 零点有数自 2011 年至 2014 年,连续 4 年监测全国多条政务热线,含 12345、12366、12388、12333 等;自 2015 年至 2024 年,连续 10 年监测全国 12345 热线。
② 2024 年全国 12345 热线服务质量得分为与 2023 年可比指标的得分。

地热线加快推进"一号对外",在热线服务标准化、智能化方面实现了有效提升。从 2022 年对全国市民的调查来看,12345 热线的社会影响力已经达到较高水平,62.1%的公众关注 12345 热线,百分制下的加权满意度得分为 81.0 分;在 12 项"近年推进的具体公共政策和相关服务举措"中,12345 热线属于关注度和满意度均相对较高的类型。

(一)服务质效:接线响应性好,问题解决效果不足

2024 年 12345 热线服务质量各项指标中,服务响应指标得分为 92.03 分,服务规范指标得分为 89.71 分,问题解决指标得分为 82.72 分,三个一级指标较上年均有提升。

服务响应得分提升的原因在于接通率提升和接通时长降低。2024 年总体接通率已达到 95%以上,创 2011 年监测以来最好成绩;而 12345 热线平均接通时长为 13.71 秒,较 2023 年继续减少 2.62 秒,接通时长时隔 2 年再次进入 15 秒内。

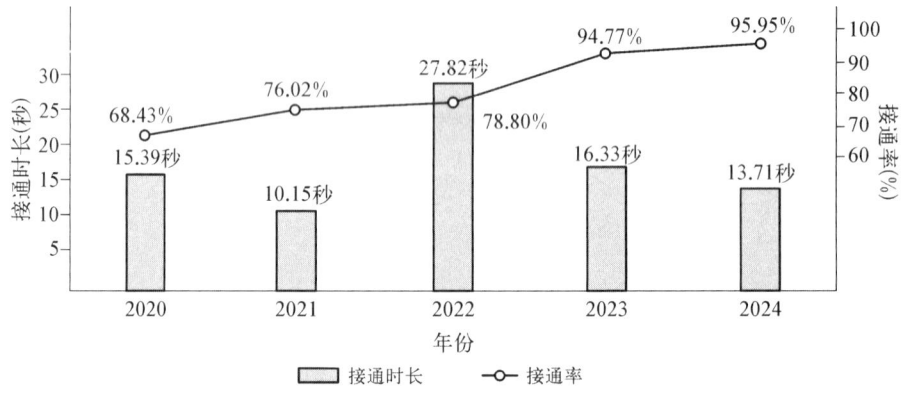

图 4 2020—2024 年 12345 热线接线情况表现

服务规范得分略有提升,除再次询问需求指标(46.75 分)仍是短板外,其他各项指标得分均在 95.00 分以上,总体服务规范性较高。

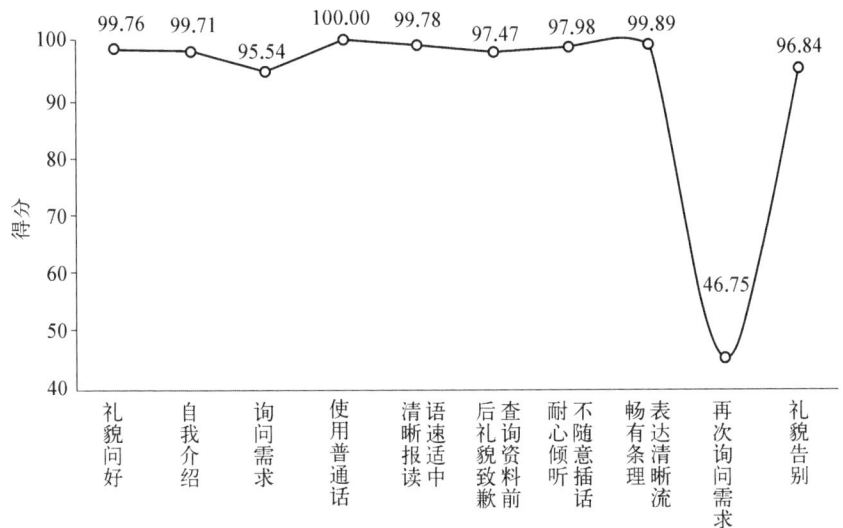

图 5　2024 年电话端接待礼仪二级指标得分情况

问题解决指标得分与服务响应指标、服务规范指标相比提升最为明显,但依然是短板,主要原因是直接解答效率不高、解决时效不强、解决效果不好。从电话端来看,直接解答率仅为 54.25%,诉求问题解决及时指标得分为 81.25 分,响应有效指标得分为 79.52 分。

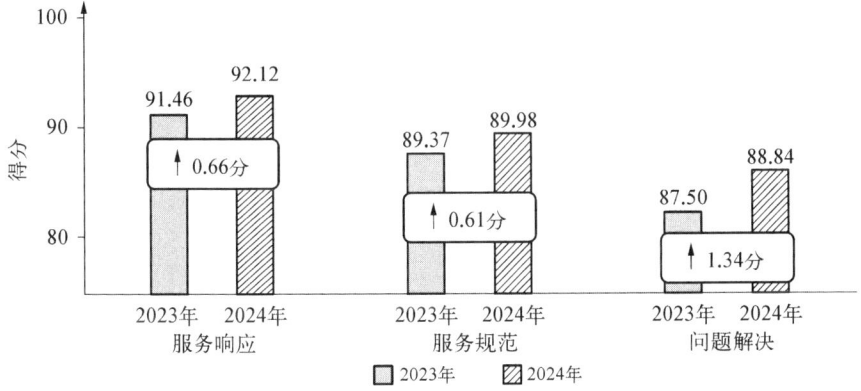

图 6　2023—2024 年 12345 热线服务质量一级指标得分对比[①]

---

① 数据来源:零点有数《2024 年 349 个城市 12345 热线运行质量监测报告》,仅针对 2023 年和 2024 年的可比指标进行对比。

（二）智能水平：投入增加明显，整体质量亟须提升

12345热线内部运营情况调查显示，60%的受访热线单位认为数字化建设是最近一年热线资源投入的重要内容之一。监测结果显示，各城市在智能化应用程度方面已有明显提升。在智能语音方面，2024年已有162个城市的电话端热线可以提供智能语音服务，比2023年增加8倍。在智能服务方面，2024年有145个城市在互联网端提供智能客服服务，为企业群众提供更加智能化、个性化的服务，但仅约四成城市能精准识别回答监测问题。

与此同时，受访12345热线单位认为智能化水平亟须提升，比如知识库建设、工单录入与填写、工单质检、热线派单等方面，均存在不足，尤其是数据应用智能化不足（59.04%）。42.57%的热线可以查看12345热线诉求数据或报告，但是从公布的诉求数据分析报告来看，大部分12345热线对诉求数据的分析停留在描述性统计阶段，未充分应用数据智能技术挖掘12345热线诉求大数据的价值。

（三）为企服务：渠道可达性高，服务质效仍有差距

大部分受访12345热线单位表示，企业服务是当前热线工作的重点。监测结果显示，193个城市（55.30%）在电话端设置企业服务语音导航提示，206个城市（59.03%）在互联网端提供企业服务端口，实现为企服务"一键直达"。

2024年监测结果显示，企业场景问题话务员直接解答率为48.85%，较群众场景问题低10.66%；企业场景问题电话端响应有效指标得分为77.27分，较群众场景问题低7.51分；企业场景问题电话端响应全面指

标得分为 90.84 分,较群众场景问题低 6.04 分。热线为企服务效能较为民服务效能存在一定差距。

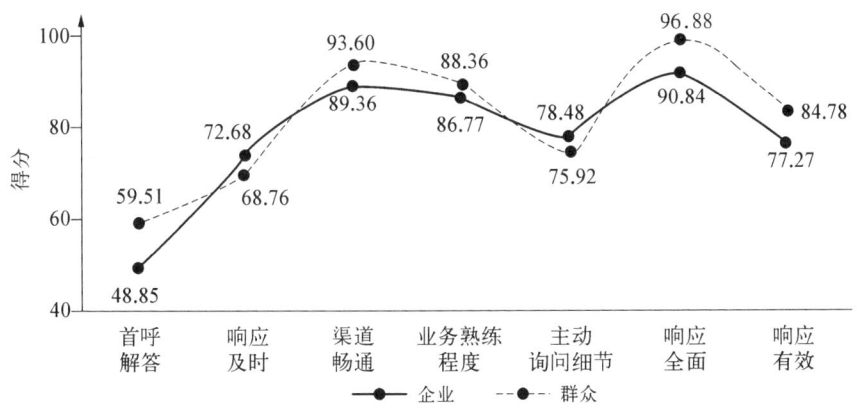

图 7　2024 年热线服务在企业和群众场景指标得分对比情况

三、管理抓手：以评促改、驱动创新的考核机制

构建有效的管理抓手是促进热线高效能发展的重要手段。推动 12345 热线高效能发展落地见效,关键是要牢牢抓住考核评价体系建设这个"牛鼻子",建立科学、系统、有效的评价体系和奖惩机制,以清晰的"标尺"引领和驱动热线高效能发展。基于对 100 余份省、市、县 12345 热线管理办法及考核办法文本的分析,零点有数总结了结果导向型和过程导向型两种主要考核模式及四种一般性问题,并提出关于优化考核工作的建议,下文将详述。

总体上看,各地的考核体系框架大同小异,但在考核原则、考核细节、考核指标、计分方式等方面差异较大。例如,大部分地区在考核原则上强调公正、公平、公开,但也有部分地区专门强调以问题为导向、体现工作实效、运用科学方法等原则。

表 2　各地 12345 热线考核办法的相似点和差异点

维度	相似点	差异点
考核体系	都规定了考核原则、对象、流程、内容等模块	1. 考核周期不同,部分地区为月度考核与年终考核,部分地区仅开展年度考核。79%的地区会开展年度考核,46%的地区会开展月度考核,8%的地区会开展季度考核,5%的地区会开展半年度考核,极个别地区会对考核结果进行周通报 2. 考核原则的侧重点不同,除公正、公平、公开原则外,也存在客观、效能、问题导向、注重实效等各种考核原则 3. 考核流程不同,部分地区没有设置申诉环节 4. 考核结果应用不同,部分地区未设计考核应用模块或考核应用较简单,64%的地区会将考核结果纳入年底部门绩效考核,13%的地区会根据考核结果评定先进单位,8%的地区会通报表扬或督察问责
考核指标	大部分都包括基础指标和附加指标。大部分地区都考核响应率、办结率、满意率等指标	1. 部分地区考核体制机制建设情况、退单及时情况、联系诉求人情况等个性指标 2. 部分地区考核事项办理重视分类工单,例如回退件、延期件、重办件 3. 满意率考核内容各有不同,部分地区重视工单答复结果,部分地区重视工作态度、作风 4. 知识库建设考核内容各有不同,部分地区重视内容准确性,部分地区重视更新及时性
计分方式	大部分以量化指标为主	1. 存在层差法、减分法、比率法、非此即彼法、说明法、前沿距离法、目标差距计分法等计分方式 2. 各指标的考核权重各有不同,部分地区重视办理结果,部分地区重视办理过程 3. 指标的目标值不同,例如存在 100%、95%、90%、80% 4. 指标总分制不同,例如存在百分制、千分制 5. 指标规定的时间限制不同,例如部分地区投诉、举报、告知类事项工单需在 2 个工作日内办结,部分地区需在 5 个工作日内办结

（一）量体裁衣：不同导向的考核模式

总体上看,各地考核工作主要分为结果导向型和过程导向型两种考核模式。

结果导向型考核模式是以考核个别结果性指标为主,通过抓工作成

图 8　各地热线考核原则的高频词词云图

果来倒逼考核对象完善一系列过程性工作的模式。其特点是考核指标数量少、以反映工作结果和成效的指标为主、考核机制简单明了、便于统计和落实。该模式的典型案例是北京市 12345 热线考核机制。根据《北京市接诉即办工作条例》，北京市形成了以响应率、解决率、满意率为核心内容，以解决诉求为导向的考核体系，通过"三率考核"机制，配合市委书记点名、区领导约谈、纪检介入、街乡镇内部监督等考核结果应用方式，层层压实责任，为多元治理主体参与问题解决提供激励和约束机制。

过程导向型考核模式是关注考核对象全流程工作绩效，通过对全流程工作中的关键动作进行考核，来确保整体工作质量和最终工作成效的模式。其特点是考核指标相对较多，覆盖了职能部门参与 12345 热线工作的各个关键环节，各指标之间存在协同性、系统性。该模式的典型案例是海南省 12345 热线考核规则。该考核规则设计了多个核心指标和附加指标，核心指标覆盖了响应、退单、办理、解决、评价、知识库更新等各个承办单位关键动作，不仅考核满意率、解决率等结果性指标，也考核

第一章　蓄势待发：构建高效能发展基础　｜　017

影响热线整体绩效的过程性、配合性指标。在系统性方面，该考核规则设置了"即时答复率"指标，该指标一定程度上反映了承办单位更新维护知识库的情况，同时也促进承办单位按规范退回已有知识条目的咨询类工单，促使12345热线前台加强知识条目学习和提高即时答复率，形成服务前台和职能部门之间的良性工作循环。

（二）未雨绸缪：值得关注的常见问题

1. 机制设计不合理，难以充分发挥考核价值

考核工作的所有导向、意图、目标最终都要落到考核方式、考核指标、计分方式等操作层面，如果考核机制的细节设计不合理或与考核目标不契合，就会导致考核工作难以发挥预期作用，甚至产生副作用。

一是考核指标的目标值[1]**设置过高或过低，难以发挥实效**。一方面，目标值设置较低或较得分条件宽松则难以起到激励效果。例如，江西省12345热线2023年总体群众满意率为97.88%[2]，但部分江西省辖市、县的满意率指标目标值低于该总体满意率，即使在满意率指标上未达到全省总体水平，也可以获得满分。另一方面，目标值设置过高或得分条件严格则容易导致考核对象"躺平"，或导致考核机制变形、数据包装、缺少进步动力等问题。

二是考核结果应用不足，难以充分发挥以评促改作用。大部分省级和市级的考核办法对考核结果应用的设计相对完善，而县（区）一级热线单位对考核结果应用的设计存在不足。大部分县（区）一级的考核办法未对考核结果的应用做出说明，或应用较简单。例如，辽宁省辽阳市对

---

[1] 绩效指标的目标值是对部门或项目（政策）预期绩效的期望，一般来讲是指可以令某项指标得满分的数值。通过设置绩效指标的目标值，可以推动各项政策和业务落实执行。
[2] 数据来源："江西12345"微信公众号《江西12345热线2023年度运行情况》。

热线考核结果的应用仅为"年度考核得分均按分值比例纳入市政府绩效考核指标体系"。与之相对的,贵州省贵阳市热线在考核结果定级、社会监督、督察问责等方面则对优秀、良好、合格、不合格等各种考核结果提出了宣传、奖励、问责整改等不同的结果应用方式。

三是考核方式不合理,导致相关指标的考核结果没有实际价值。例如,大部分制度建设类考核指标不适宜频繁考核,一方面是因为较短时间周期内难以完成制度建设工作或制度建设成效短时间难以显现;另一方面是因为此类指标一般存在比较明确的完成时间或完成标准,一旦在某个月完成该指标,那么之后的每一期考核基本上不会出现扣分等变化,该指标的考核价值骤减,因此一般将此类指标在年度考核而非月度考核中进行设置。

2. 指标设计不科学,难以客观反映实际情况

指标设计是一项专业工作,科学性是其基本原则。纵观各地12345热线考核办法,仍存在分值设计、计算方式、适用范围等不科学的问题,导致出现指标得分虚高、难以体现群众真实评价等问题。下面以"办理满意度"这一核心指标为例进行说明。

一是计算过程不科学,将未评价数据纳入统计或将未评价视为基本满意,导致评价结果不真实客观,评价效度不高。从科学评价的角度,效度是指"测验或其他测量工具能够测出我们想要测出的内容的程度",即测量的有效性程度,决定了收集到的数据是否能够真实、准确地反映受访者的满意度。在满意度评价中,一般将未评价数据视为无效数据,不纳入满意率计算过程。而目前除海南省等部分地区采用"实际参评满意率"的科学计算方式外,大多数地区存在错误运用未评价数据的问题,导致数据失真,满意率结果虚高,无法准确反映群众对服务的真实满意度。

**二是评价基线或目标值不合理,导致满意率考核难以稳定发挥作

用。例如,部分地区以所有考核对象的平均满意率为目标值,达到平均值以上得满分,低于平均值则做相应扣分。这种设计导致目标值会根据所有考核对象的满意率分布情况动态变化,当满意率分布呈现正偏态分布①、出现极端值、分布高度密集②时,目标值(即平均满意率)将出现异常波动,可能出现"某部门满意率提升明显,但满意率指标得分下降"的情况,难以发挥激励作用。

三是未区分满意度与满意率概念,对考核结果的解释不够准确。例如,部分地区"满意度"指标考核公式为"回访满意度=回访满意件数/工单总数"。而在满意度调查中,满意度和满意率是两个截然不同的概念。满意度是测量满意程度(深度)的一种指数,通常用所有评价结果的平均值来反映受访者对某一产品或服务的评价。而满意率是指表示满意的顾客所占的百分比,是测评顾客满意广度的一种方法。

3. 考核导向不准确,难以有效发挥抓手作用

考核的最终目的是提高12345热线的整体服务效率、质量,通过把握考核指标的分值权重、考核标准的高低、考核方式的严格程度来引导承办单位将有限的资源投入到关键、重要的工作方面。如果考核机制未能明确体现这种导向性,就会导致承办单位"不使劲""使错劲"等问题。

一是部分指标与考核单位的绩效关系不明显,难以发挥导向性作用。例如,蚌埠市12345热线考核中包括"办理量"指标,计算公式为"办理量÷同类别受理总量",办理量占比越大、指标得分越高。然而,承办量的影响因素较多、较复杂,主要与职能部门对外服务事项情况及社会热点事项有关,与考核对象履职情况的好坏关系不明显。某考核对象的

---

① 正偏态是指中位数和众数小于平均数的分布。
② 满意率分布密集即大部分考核对象的满意率集中在一个较小的数值区间,例如大部分考核对象的满意率集中在90%左右。

承办量大,不一定反映了该考核对象"劳苦功高",也可能是该部门履职不到位导致相关咨询、投诉量增长。

二是考核指标与12345热线整体服务效能或本地重点工作的结合不深,难以发挥引导作用。部分地区仅设置能反映职能部门办理效率、质量的指标,忽视了知识库更新、完善等职能部门参与热线工作的其他重要环节,也未结合12345热线当年重点工作设置考核指标,导致考核工作对提升热线整体服务成效的作用不明显。

4. 考核体系不完善,难以提高考核实施效率

完善的考核体系能够使考核对象更清晰地了解工作要求,更有针对性地开展工作,减少与考核对象之间的沟通成本,提高行政效率。同时,明确的考核机制能够减少因主观偏见和人为操作而导致的不公平现象,真实、客观地反映问题。从各地的考核办法文本来看,目前主要存在以下四类考核机制不完善的情况。

一是考核体系不够完善,缺少必要工作模块。根据零点有数观察,省级12345热线单位和发达地区市级12345热线单位的考核体系相对完整,而部分县(区)级12345热线单位的考核体系仍待完善。例如,8%的热线考核办法未明确考核对象;20%的考核办法未明确对考核结果的应用;31%的考核办法未明确考核的基本原则;近一半的考核办法未明确考核的时间周期;一半以上的考核办法未在考核办法中设置申诉环节。

二是考核指标计分规则不够明确、全面,容易增加解释成本或造成统计漏洞。较多地区的考核体系仅说明各项指标的定义或考核思路,未写明各项指标的计分方式或计分方式存在漏洞。例如,大部分考核时效性的指标未写明在途未逾期工单的计算方式,容易出现漏算情况。

三是未排除特殊因素的影响,可能影响考核的公平性。例如,大部分地区未针对不合理诉求设计满意率、解决率等指标的豁免机制,也未说明针对不涉及某项考核指标或当期承办量为 0 的职能部门应如何计分。

四是指标描述或计分标准不明确、较主观,导致考核数据难以获取或可靠性不足。例如,部分地区设置了"领导重视""组织落实"等考核指标,但未针对此类指标设置可操作的、明确的计分方式,实际操作过程中容易流于形式,难以产生实效。

(三)精益求精:考核机制的优化原则

一是制度基本完善。完善的考核制度是确保考核工作规范性、高效性、公正性的基础。通过制定详细的考核规则和流程,可以明确考核的标准、方法和程序,避免考核过程中的主观性和随意性,确保考核结果的公正性和权威性。**在考核机制层面,**建议明确考核的背景、目的、原则、适用范围、组织管理、对象、频率周期、指标、方法、流程、结果应用等工作内容。**在考核内容层面,**建议细化并明确考核指标的名称、定义、目标值、计分方式、豁免情形、数据来源等具体内容。

二是导向务必准确。明确、准确、正确的导向是考核体系设计的关键,能够将考核对象的关注点、资源和能力调动到重要的、关键的事务方面。**在考核内容方面,**建议考核指标应体现热线工作的重点环节和热线主管部门着力提升的重点内容,引导考核对象关注系统的、长远的、整体的工作目标,使考核对象可以对照明确的考核指标开展能力提升工作,最终实现有利于政府整体绩效的效果。**在结果应用方面,**建议对绩优单位设置明确的奖励和推广机制,对绩差单位明确后续整改机制,以便落实以评促改。

三是方法基本科学。科学的评价方法和统计分析方法是确保考核工作科学性、准确性的重要保障。建议采用定量与定性相结合的方法,结合现代技术手段,全面、准确地收集考核信息,减少主观因素的影响。**在评价方式方面**,建议在月度考核等常态化考核中尽可能采用量化指标,降低考核工作量和自由裁量权;在年度考核等较长周期的考核工作中,可适当增加部分定性的附加指标,例如受表彰情况等。**在评分标准方面**,建议在计分过程中剔除意义不明的无效数据,例如剔除未评价的满意度数据,使评价结果可以真实、有效、客观地反映考核对象的实际表现。**在数据来源方面**,建议借鉴专业调查或评价方法,科学地收集评价数据,例如使用李克特五级量表收集满意度评价数据等。

四是尺度相对适宜。因地、因时制宜是确保考核工作合理性、可行性的重要因素,根据本地的发展情况、资源禀赋等实际因素来设定合适的考核要求和底线,才能确保考核工作顺利、有效落实。**在繁简程度方面**,建议结合本地12345热线发展需要来决定考核体系的繁简程度。过于繁杂的考核体系容易导致操作复杂,增加沟通成本和行政成本,且过多的指标和考核要求不容易突出关键因素和重点问题。过于简单的考核体系则容易导致结果失真,难以形成对考核对象的完整、有效评价。**在严格程度方面**,建议按照整体水平达到75分至85分的标准来设置考核要求。过于宽松的考核要求难以体现实际水平,难以发挥考核的抓手作用,难以实现"以评促改"。过于严格的考核要求则容易导致考核对象压力过大、积极性受损,进而产生"躺平"或数据造假现象。

五是作用比较明显。考核产生的作用是检验考核制度最终效果的根本标准,开展考核工作就必须以考核结果的有效运用来提升部门的履职水平,让敢于作为、认真作为、依法作为的部门受到激励,让不作为、慢作为、乱作为的部门受到约束,形成压力和激励效果。**在指标设计方面**,建议逐个指标考虑该指标能否有效反映某项工作的绩效,其结果能否给相关部门带来激励或压力,进而优化指标设计。**在评分标准方面**,建议评分标准应体现一定区分度,能体现同一考核对象的绩效变化情况和不同考核对象之间的差距,以突出考核对象的优势和不足。**在结果应用方面,**建议设置明确的激励、整改机制,针对绩优对象设置奖励、宣传、分享经验等激励措施,针对绩差对象设置通告、备案、督办、整改等措施。

零点有数在各地12345热线考核指标的基础上,对指标进行合并、分级、分类,形成以下指标库,为相关部门设计考核指标提供参考。

表3 参考指标库

一级指标	二级指标	三级指标	指标解释
基础指标	机制建设	领导重视	明确分管领导,分管领导定期批示或指导热线办理工作等
		机构健全	明确负责热线相关工作的具体内设机构,明确专职人员及其职责,确保人员稳定等
		制度完善	建立健全办理、反馈、回复、监督、公开等工作制度,办理情况有统计、分析、总结等
		联络畅通	负责热线的工作人员保持联络畅通、及时响应等
	办理过程	及时签收率	紧急事项及非紧急事项按时签收的比例
		及时退单率	在规定时限内按规定退回非本单位职能范围内工单的比例
		按时办结率	按规定在时限内办结的比例
		及时联系率	在规定时限内及时联系群众的比例
		规范答复率	按规范完整、正面、有效答复诉求的比例
		办结审核一次性通过率	符合要求并一次性通过办结审核的比例
		重办率	针对同一诉求,经审核后重复派发到同一部门处理的比例

续 表

一级指标	二级指标	三级指标	指标解释
基础指标	办理过程	不当延期率	申请延期工单理由依据不充分、延期后回复质量不高、办理效果不好的比例
		推诿情况	经审核认定属承办单位办理,但是承办单位以各种理由推诿拒签工单的情况
		督办情况	按时、切实解决督办问题或疑难问题的情况
	办理结果	解决率	诉求人反馈诉求被实际解决的比例
		满意率	诉求人对办理情况和办理结果反馈满意评价的比例
	知识库建设	知识库更新率	新增知识条目的比例
		知识库响应率	按时响应知识库查无、查错结果的比例
		知识库准确率	知识库条目准确无误的比例
		知识库满意率	12345热线座席人员对知识库信息评价满意的比例
	支撑热线	热线整合情况	按照有关要求按时完成热线整合任务的情况
		舆情资料报送	定期或不定期报送各类民生信息、舆情动态、典型案例、经验做法的情况
附加指标	加分指标	通报表彰	相关办理工作成效突出,获得各级政府表扬的情况
		媒体宣传	相关办理情况获得本级及以上主要媒体正面报道的情况
		群众表扬	经查实的群众表扬情况
		疑难事项解决情况	经认定为疑难事项,承办单位主动领办并解决疑难事项的情况
		参与协助热线	积极参加热线组织的会议、培训等各项活动,协助或支持热线工作的情况
		业务培训	编写本部门业务知识培训教程,对话务服务团队进行业务培训指导的情况

续 表

一级指标	二级指标	三级指标	指标解释
附加指标	扣分指标或否决指标	弄虚作假	虚假反馈、虚假评价、虚假办结等情况
		推诿不办	经核实后推诿次数较多的情况
		办件不力	针对督办件、疑难件、领导批示件等办理进度不佳、办理结果不佳的情况
		通报批评	因办理质量问题被各级政府或热线主管部门通报批评的情况
		不良影响	因工作失误引发网络或媒体负面报道甚至负面舆情等不良影响的情况
		失密泄密	在承办过程中泄露保密信息的情况

第二章

拥抱转型：
实现高质量发展跃升

在过去几年中,有些12345热线已经经历或正在经历从呼叫中心到数据中心再到治理中心的角色跃升,其本质就是政务热线迈向新能量场建设的转型过程。这种跃升和转型的关键在于形成自身能力、协同能力和智库能力这三种能力相互支撑、螺旋式发展的新运行模式。在当前不断发展新质生产力的大环境下,这种新运行模式本质上是一种新质生产关系,即通过调整12345热线内部、12345热线与承办单位、12345热线与社会公众之间的规范性关系,降低相互间的认知成本、理解成本、沟通成本、执行成本、治理成本等制度性成本,提高相互间的情感信任度和行动一致性,在实践中真正落实"以人民为中心的发展思想"。

一、加强自身能力建设,促进运营管理高质量发展

12345热线作为政府与群众之间的重要沟通桥梁,其运营管理能力对于及时响应、解决群众诉求具有基础引领作用。在12345热线运营工作整体外包的模式下,为深入、全面了解全国各地12345热线在运营和服务标准化工作上的着力点,零点有数搜集了2022年以来300多个12345热线运营外包项目的580余份标书和合同文件,通过提取、梳理、对比、分析运营需求、标准、考核指标等内容,形成关于12345热线运营标准化工作的主要内容洞察,以供相关部门参考。本研究采用的数据来源和样本覆盖所有省、直辖市、计划单列市、省会城市,兼顾东、中、西部的普通地级市,主要案例则围绕4个一线城市和15个新一线城市展开。

（一）专业化和精细化夯实运营管理基础

对比各地12345热线近三年的运营方案和工作要求会发现,运营管理需求存在明显趋势:大部分城市均注重人员管理、现场管理、业务管理、系统管理等基础共性运营模块,且部分城市在运营要求方面,提出了更高的水平。

一是不断提升基础运营模块的专业化水平。人员管理、现场管理、业务管理和系统管理等基础运营工作模块是各地12345热线共同关注的重点,被频繁提及并提出相关规范要求。**人员管理模块**重点关注岗位配置专业性、团队成员稳定性和人员使用高效性。比如,重庆市12345热线在运营服务合同中对岗位设置、专业背景、薪酬绩效等方面作出明确要求。**现场管理模块**主要围绕便利性、安全性、稳定性、功能性去建设。如东莞市12345热线在运营要求中特别提出了场地位置便利、布局合理、功能室齐全、装修符合吸音隔音等呼叫中心标准,相关设备符合人体工学设计等具体要求。业务管理模块和系统管理模块相互依赖、互为支撑。**业务管理模块**主要涉及制定服务流程、服务标准和质量监督机制,确保服务质量和效率,并根据市民反馈和业务需求指导系统功能的升级和优化。**系统管理模块**则为业务实践提供技术平台和系统化工具,实现业务流程的自动化、智能化,保障市民诉求信息流转的高效性和工单处理的准确性。二者在运营管理上构成了一个互补、协同的运作体系。例如,昆明市12345热线在运营合同中明确了一系列业务流程和业务管理指标,如人工话务接通率、话务满意率、办件差错率、工单质检率等不得低于特定目标值,同时在系统管理模块对应设立呼叫中心系统、工单交办系统、知识库运维系统、数据统计系统、信息安全系统,并结合业务管理要求提出系统管理相关标准。

二是不断提升运营监督的精细化水平。对各地运营管理标准进行对比研究发现,部分地区12345热线在运营管理的监督考核方面更加注重精细化,用"绣花针"织就高质量服务,小步快走地提升运营服务质量,为其他地区提供了借鉴。**一方面,运营监督体系更加细致**。以广州市为例,广州市12345热线设计了完善的运营监督机制及考核指标,其运营招标文件不仅在人员配置、场地设施、呼叫系统、大数据系统、互联网渠道运营方面提供了详尽的规划和工作方案,在服务效率、质量监控和安全保障等运营监督机制上也构建了完善的应用体系和考核指标。**另一方面,运营内容要求更加多样**。各地根据热线发展实际需要,会提出更加多样化的运营要求。以珠三角城市为例,广州市、深圳市和佛山市在运营内容中均强调了12345热线形象宣传和互联网渠道运营的重要性。如广州市12345热线要求运营服务商"开展形式多样、内容丰富的民生热点宣传活动,结合多媒体的新功能进行推广,扩大公众参与移动端的使用量,引导市民使用多渠道服务,同时使12345热线品牌更深入民心,打造亲民形象"。深圳市要求"加强互联网宣传,着重梳理与群众切身利益密切相关的信息,用简单易懂、图文并茂的方式在互联网渠道发布"。佛山市要求"结合政策热点、民生新政和诉求热点内容,制作简单易懂的政策宣传小视频,在12345微信公众号、小程序、12345学院等渠道发布"。与上述城市相比,其他大部分城市未针对12345热线的宣传推广工作做出具体要求。

三是不断提升运营监督的科学化水平。以"月度话务接听率"指标为例,同样是南方省会城市的广州市和长沙市均设定了"月度人工接听率≥95%"的考核指标,但广州市采取了分梯度的考核方式:"月度人工服务量超过月度人工最低响应服务量10%,当月月度接通率≥94%;月度人工服务量超过月度人工最低响应服务量20%,当月月度接通率≥

93%；月度人工服务量超过月度人工最低响应服务量30%，当月月度接通率≥92%"。这种考核方式不仅对接听率结果提出要求，同时考虑了影响接听率的主要因素，并根据相关影响因素的波动情况调整接通率的最低要求，体现了考核机制的专业性。再如，深圳市在"话务接听率"指标上更加细化，不仅考核"月度接听率"，还关注"日接听率"和"白天时段接听率"，这种细化考核指标的做法有助于政府更精准地掌握12345热线运营服务状态，及时调整运营策略，确保运营服务的连续性和稳定性。

四是不断加强运营目标的引领性作用。对12345热线运营质量的考核指标进行深入分析后发现，部分地区对运营工作的要求相对较高，甚至高于国家标准或地方标准，这反映出12345热线主管部门对运营质量的严格要求和对高标准服务的不懈追求。例如，郑州市12345热线运营合同要求"呼叫接通率≥98%"，而河南省地方标准《河南省政府服务热线管理标准》(DB41/T 1860—2019)则要求"呼叫接通率≥96%"，国家标准《中国政府热线服务规范》(GB/T 33358—2016)要求"呼叫接通率≥95%"。又如，杭州市12345热线要求"每月受话满意率≥98%"，该标准高于该市已出台的地方标准《杭州市政府服务热线管理标准》(DB3301/T 0328—2020)中规定的"受理质量满意率达到95%以上"。由此可见，"高标准""严要求"已成为许多城市12345热线服务效能提升的重要抓手，以高标准引领运营水平持续跃升。

随着12345热线不断发展，企业群众需求不断增长，各地运营管理必将迈向更深层、更细节处。而各地12345热线制定和实施专业化、精细化的运营标准，则是对这一趋势的积极响应，也是确保政务服务质量持续提升的关键举措。

（二）智能化和数字化探索运营管理新方向

为响应数字政府转型需求，不断提升治理水平，部分城市逐渐重视数字化、智能化技术在运营和服务中的应用。广州、上海、北京、成都、合肥等地已经开展12345热线"数据赋能"与"数智驱动"的实践，数字化和智能化技术正逐渐深度融入这些城市的热线运营服务工作中。

一是通过智能化技术提升运营效率。各地将智能化技术运用到热线运营的各个环节，不断提升运营效率和管理能力。如广州市**一方面**利用智能语音技术（ASR技术、NLP技术、TTS技术）、智能外呼技术（知识库查询、多场景交互型智能外呼机器人）等先进技术构建了数智化服务与响应系统，极大提升了服务效率；**另一方面**通过实施绩效智能分析监控、全数字化管理、运营赋能辅助、标准化运营数据分析，以及使用可视化数据仪表盘等数字应用工具，实现对员工工作效能的实时监控和评估，以及通过数据分析对运营策略进行优化，有效提升了运营管理效率。

二是通过数字化技术提升数据挖掘能力。对12345热线大量的话务数据、诉求数据进行挖掘，提升数据挖掘能力，是发挥12345热线数据价值的重要手段。例如，成都市在热线运营合同中提出，构建以"城市大脑"为智能中枢的城市智慧化应用体系，实现社会诉求"一键回应"的工作目标；通过智慧化应用、知识大脑建设、智能接诉、数据分析画像等技术功能完成运营数据赋能，实现智慧型政府"以数辅策"的场景。合肥市在热线运营合同中提到，要"加强12345热线数据分析研判和深度挖掘，实现智能挖掘和大数据分析，预警特定诉求，预测预报诉求热点"等工作目标和要求，用大数据分析、精确算法等先进工具，进一步深化政务数据系统在数字化治理中的应用场景，实现高频诉求、热点诉求的提前预测预警和策应。

这些趋势共同显示出各地对利用智能化、数字化技术提升服务和运营效率的重视程度,也标志着部分大城市12345热线正逐步从传统的呼叫中心向集成化、智能化的现代服务平台演进的趋势。

（三）规范化和标准化不断向更多领域延伸

近年来,12345热线的标准化工作受到普遍重视,不仅国家标准的数量在增加,地方标准也不断涌现,不断覆盖热线运营的方方面面,为热线运营的整体机制建设"有标可依"提供了参考。

一是国家标准和省、市地方标准发布速度加快。在国家标准方面,早在2016年便发布了《政府热线服务评价》和《政府热线服务规范》等一系列国家标准,为全国12345热线运营工作明确了服务范围,指引了发展路径,奠定了标准化基础。2017年至2023年间只发布了1项《政府热线服务分类与代码》国家标准,2024年集中发布了4项新标准,标准制定和发布速度明显加快。**在地方标准方面**,自2015年河北省率先发布《12345市长热线服务规范》以来,近10年间各地纷纷推进业务标准化工作,加快了地方在热线标准化、规范化改革方面的步伐。数据显示,2019年有1项地方标准发布,2020年有3项地方标准发布,2022年有4项地方标准发布,而2023年1年间,各省市纷纷发布了13项地方标准,相当于平均不到1个月就有1项地方标准发布。

表4　12345热线相关国家标准

标准号	标准名称	层级	状态	批准日期	实施日期
GB/T 44192—2024	政务服务便民热线数据应用指南	全国	即将实施	2024-6-29	2025-1-1
GB/T 44191—2024	政务服务便民热线知识库建设指南	全国	即将实施	2024-6-29	2025-1-1

续　表

标准号	标准名称	层级	状态	批准日期	实施日期
GB/T 44190—2024	政务服务便民热线集成规范	全国	即将实施	2024－6－29	2025－1－1
GB/T 44189—2024	政务服务便民热线运行指南	全国	即将实施	2024－6－29	2025－1－1
GB/T 39666—2020	政府热线服务分类与代码	全国	现行	2020－12－14	2020－12－14
GB/T 33358—2016	政府热线服务规范	全国	现行	2016－12－13	2017－7－1
GB/T 33357—2016	政府热线服务评价	全国	现行	2016－12－13	2017－7－1

注：本表格中"状态"一栏中的表达，以2024年11月底为准。

表5　2023—2024年12345热线相关地方标准

标准号	标准名称	地区	状态	批准日期	实施日期
DB44/T 2479—2024	12345政务服务便民热线诉求事项分类与编码规范	广东省	现行	2024－3－7	2024－6－7
DB52/T 1768—2023	12345政务服务便民热线服务与管理规范	贵州省	现行	2023－12－4	2024－3－1
DB4209/T 38—2023	政务服务12345热线运行管理规范	孝感市	现行	2023－9－1	2023－10－1
DB23/T 3615—2023	12345政务服务便民热线省市平台整合对接技术指南	黑龙江省	现行	2023－8－28	2023－9－27
DB1501/T 0032—2023	12345政务服务便民热线诉求分类与代码	呼和浩特市	现行	2023－7－7	2023－10－7
DB4105/T 213—2023	12345政务热线数据分析规范	安阳市	现行	2023－6－26	2023－8－1

续　表

标准号	标准名称	地区	状态	批准日期	实施日期
DB15/T 2999—2023	12345政务服务便民热线满意度测评规范	内蒙古自治区	现行	2023-5-11	2023-6-11
DB15/T 2998—2023	12345政务服务便民热线诉求处置规范	内蒙古自治区	现行	2023-5-11	2023-6-11
DB15/T 2997—2023	12345政务服务便民热线运行管理规范	内蒙古自治区	现行	2023-5-11	2023-6-11
DB21/T 3709—2023	12345政务服务便民热线管理与服务规范	辽宁省	现行	2023-3-30	2023-4-30
DB1503/T 0019—2023	12345政务服务便民热线企业服务规范	乌海市	现行	2023-3-28	2023-6-28
DB61/T 1663—2023	12345政务服务便民热线诉求分类与代码	陕西省	现行	2023-3-15	2023-4-15
DB32/T 4453—2023	12345政务热线突发状况下话务激增应对规范	江苏省	现行	2023-2-6	2023-3-6
DB32/T 4452—2023	12345政务热线政务信息管理规范	江苏省	现行	2023-2-6	2023-3-6

二是标准化建设工作越来越受到12345热线的重视。近年来,越来越多的城市参与开展国家级政务服务热线标准化试点工作。2022年,湖北省咸宁市政务服务和大数据管理局、海南省三亚市数字化城管监控中心、中共黔南州政法委员会获批第八批社会管理和公共服务综合标准化试点;2023年,海南省人民政府综合服务热线12345管理中心、河北省张家口行政审批局、湖北省襄阳市政务服务和大数据管理局获批第九批社会管理和公共服务综合标准化试点,相关部门在标准化体系建设、诉求精准处置、运营管理、数据管理等方面开展了一系列标准化、规范化行动。

三是标准化文件涉及领域越来越广,但数字化、智能化相关标准仍待完善。一方面,12345热线相关标准化文件涵盖的内容愈发完善,形成了涵盖整体运营管理、诉求处置、事项分类、企业服务、服务评价、应急保障、知识库建设等的标准系列,基本涵盖了运营和服务的各个主要环节。另一方面,仅有安阳市和青岛市发布热线数据分析规范,黑龙江省和江西省发布本省的省市系统对接技术规范,而数据治理、大数据分析、智能系统管理和应用等数字化、智能化运营管理标准则相对欠缺。北上广等较发达地区已开启运营工作的"数据化治理、智能化管理"新时代,但已发布的标准化文件未对数据智能领域作出更详尽、更精细的规范与指导,数字化、智能化运营的标准化工作尚存在一定的滞后性。

总体来看,12345热线运营的标准化工作呈现出由宏观到微观、由通用到具体、由传统到现代的发展趋势,体现了愈受重视和快速迭代的特点。"苟日新,日日新,又日新",运营标准化工作唯有不断适应社会需求的变化和技术进步,才能为人民群众提供更高效、更智能、更人性化的服务。

二、加强协同能力建设,促进诉求办理高质量发展

《国务院办公厅关于进一步优化地方政务服务便民热线的指导意见》(国办发〔2020〕53号)中,将"接得更快、分得更准、办得更实"作为一项重要工作目标,且将"受理、派单、办理、答复、办结、回访、评价等环节"的闭环运行作为优化热线工作流程的切入点。在这个过程中,随着诉求人提出诉求,以12345热线为先行部门,承办单位、监督部门、社会力量等多元主体即被纳入了各环节中。为了调动各部门的积极性和协作能力,各地12345热线不断创新,从而使整体的协同能力不断提升。

（一）接线环节：以快速方便为目标，优化基础体验

能够快速提交诉求，是诉求人在使用12345热线过程中的第一要求。各地12345热线建立了多端协同、多机构协同、知识库充分支撑的方式，不断提升了12345热线"第一触点"的使用体验，更好地落实了"接得更快"的要求。

一是多端协同优化诉求提交体验。电话端、PC端、手机端成为多地12345热线接收诉求的标准配置，能够覆盖不同使用习惯的群体，也能够有效分流话务压力。一方面，各地热线不断提高电话端接入体验。从实际使用情况来看，电话端依然是大部分地区诉求来源的主渠道，话务接入体验受话务服务力量和质量影响较大。从零点有数历年12345热线运行质量监测结果来看，"再次询问需求"[①]等服务指标一直是短板，2024年监测中"再次询问需求"指标达标率不足五成，因此需要加强话务人员相关工作要求。另一方面，各地热线不断重视线上端接入体验。随着公众使用习惯的变迁，线上端已经成为部分群体反映诉求的重要渠道，部分城市线上端诉求的占比也越来越高。如广州市12345热线2023年线上端受理量占比超过60%。因此，各地可在线上端的功能性、智能性等方面进一步下功夫，让该新兴渠道使用越来越便利。如在功能性方面集合信息公开、政务服务办理、诉求提交、进度查询、问计献策等多维度功能；在智能性方面，不断优化模型的准确度，使智能问答等功能在理解复杂的语境和联系上下文方面更加"聪明"。

二是多机构协同应对话务波动。12345热线最能感知到民意波动，当一个事件发生、一个政策出台时，往往会带来话务量的波动。当

---

① 该指标是指电话结束前话务员是否能再次询问服务对象需求。

话务高峰出现时,一方面 12345 热线内部会启动应急机制,优化排班,应对突增话务量;另一方面如话务高峰总量超过了热线承载能力,部分地区 12345 热线会与当地运营商等具有话务承接能力的机构合作,启动多机构应对,分流部分话务量。当遇到专业类问题话务高峰时,部分地区会与专业机构建立联动机制,确保专业力量的支持,如广东省揭阳市政务服务数据管理局就与中国银行保险监督管理委员会揭阳监管分局建立了协作联动,共同确立了涉及银行业、保险业纠纷调解的分类引流机制、交流会商和研判机制、重特大突发事件协作机制及保密机制。其中,当 12345 热线视情况启动重特大突发事件机制时,揭阳银保监分局会协助抽调揭阳辖区内银行保险机构客服热线平台一定数量的话务资源,远程帮助 12345 热线平台接听和答复群众诉求。

三是知识库协同优化直接解答情况。各地 12345 热线咨询件在受理总量中占比普遍较大,但咨询件直接解答情况往往尚不理想。一方面,话务员直接解答率仅为五成,根据零点有数 2024 年 12345 热线运行质量监测结果显示,350 条热线的直接解答率为 54.25%;另一方面,区域间座席直接解答时效差异明显,以"企业开办一件事"办事流程咨询为例,各城市热线平均直接解答时间为 3.5 分钟,解答时间最长的热线耗时 13 分 6 秒,解答时间最短的热线耗时仅为 1 分钟。由此可见,各相关部门需要加强知识库建设与更新工作,支撑 12345 热线提升直接解答的业务能力。

(二)派单环节:以工单直派为牵引,提升流转效率

提升工单流转效率,缩短工单流转时限,将更多时间留给承办单位,是当前部分地区进行的工单直派提速改革。这些改革或称"一线通达"、

或称"直通联办"、或称"直派快办",均是各地实践探索中有效经验的凝练表达,且其内涵也将"派"和"办"进行了有机统一,更快地"派"是为了更好地"办"。工单直派不是简单地压缩派单层级,而是各地基于既有工单处办机制的实际运行情况,综合考虑诉求事项特点、承办单位职责等,通过职责协同、条块协同、系统协同,将派单的"扁平化"、办理的"及时化"、办好的"有效化"进行了系统性重塑,从而使工单直派具备了坚实的基础。

一是通过权责协同,明确事项范围,形成直派清单。工单直派的前提是明确的部门、属地工作职责与范围,在此基础上形成对应的直派工单目录,当具体事项发生时,就能够按照既定规则直派一线处置部门。因此,需要对承办单位的权责进行一致化协同,确保工单接得住、办得好。如湖南省岳阳市的"直派快办"改革,有效利用"一网统管"城市运行管理"一级指挥、三级调度、五级联动"的工作体系,强化乡(街)综合执法统筹协调、指挥调度和考核督办职责,赋权、下沉、增效,推动区级职能部门向乡(街)下放职权,优化乡(街)职责事项清单143项,构建了扁平化的群众诉求工单直派流程和快速响应机制。对于乡(街)权属清晰的群众诉求,该地12345热线工单1分钟可直达基层处置部门,使群众诉求能够在第一时间得到响应,紧急事件能够在第一时间得到处置,做到了"一呼即应、直派快办"。

二是通过条块协同,优化协调机制,形成处办合力。工单直派处置部门/属地,考验的是处置部门/属地的即时响应能力、快速研判能力和积极处置能力,这就需要其具备良好的专业能力和综合的协调能力,需要充分优化协调机制,增强处置部门/属地的能力,同时加强培训,形成处办合力。如海南省海口市制定了《海口市优化调整"直通联办"工作实施方案》,全面推行"12345+网格化+直通联办"工作机制,工单可直接派发至镇街、医院、学校、网格等[1]。该机制,一方面依托现有的基层治理网格,建立12345热线工单的流转节点,统筹网格内的各类网格员队伍,符合直派条件的工单可直派网格,跨层级、跨部门的疑难工单则可以通过职能部门和网格员发起联办来实现快速响应;另一方面各级不断组织系统使用、能力建设等方面的培训,培训层级和对象包括市直属二级单位、区属行业部门、镇街、村居、网格等,确保12345热线工单"接得住、联得动、办得了"。

三是通过系统协同,调整派单逻辑,形成工具支撑。随着明确直派清单、优化协调机制等业务层面上的思考与实践不断成熟,需要技术上的支撑来规范相关成果。一方面,12345热线通过改造提升现有系统,通过智能派单等技术,实现了工单直派。如海口市就完善了直通联办功能,标记了直通联办办件,开发了直通联办相应报表,处理了直通联办试运行期间的问题。另一方面,12345热线平台通过与其他平台进行系统化联动,扩大了直派范围,提升了联动能力。如河南省郑州市在推进"工单直转办理一线"工作时,就将12345热线平台与新型智慧城市运行管理平台深度结合,借助网格化平台覆盖面广的优势,通过该平台转派12345热线工单,进一步将12345热线工单向办理前沿推进,实现了区县(市)工单直转乡镇(街办)办理一线。又如上海市推行"一线通达"改革,则是结合"一网通办"和"一网统管"建设,通过重塑业务流程,赋能服务基层,打造共享共治12345热线工作平台。通过微信小程序,工单可直达基层处置网点"神经末梢",精准匹配各类管理资源,打通12345热线办理"最后一公里",实现了在最低层级、最早时间,以最小成本,解决最突出问题,取得最佳综合效应的结果。

---

[1] 海口12345热线实行办件直派,详见海口市人民政府网站,https://www.haikou.gov.cn/zfdt/hkyw/202404/t1351491.shtml。

（三）办理环节：以部门支撑为基础，汇聚专业力量

各地12345热线、承办单位在推进从"解决一件事"向"解决一类事"跃迁的过程中，既从事项本身特点出发，深挖同一类别事项的具体表现、发生原因、具体影响、解决方案、预防机制等，实现同类别事项从"接诉即办"到"未诉先办"——此类路径可称"事项纵深路径"；又从事项办理过程中表现出来的关联性特点出发，综合事项的紧急性、复杂性、专业性等特点，汇聚各部门的专业力量，形成规范化的联动机制，让"解决一件事"更彻底，"解决一类事"更有基础——此类路径可称"部门支撑路径"。零点有数2024年12345热线运行质量监测结果显示，各地诉求响应及时性得分率约为七成，诉求解决有效性得分率约为八成，尚有较大提升空间。

综合各地实践，针对紧急事项，"热线＋紧急联动"实现了专业处置力量的快速行动；针对复杂事项，"热线＋基层治理"实现了在共商共治中化解矛盾风险、维护社会稳定的目的；针对专业事项，"热线＋营商环境""热线＋检察监督"等则在出现细分领域的专业诉求时，使各部门能及时提供"保姆式""托底式"服务与管理。

1. "热线＋紧急联动"，抢抓诉求处置的"黄金期"

按照国办相关文件，12345热线受理范围为"非紧急求助"，但在实际接线过程中，12345热线依然会接到紧急性诉求，故各地12345热线均在联合具备应急处置能力和现场执法权限的部门，抢抓诉求处置的"黄金期"，让相关诉求得到及时解决。

一是加强与110等紧急热线的联动。各地按照《国务院办公厅关于推动12345热线与110报警服务台高效对接联动的意见》（国办发〔2022〕12号）的要求，结合本地实际，加强与110、119、120、122及水电

气热等公共事业服务热线的应急联动机制,确保一旦发生自然灾害、事故灾难、公共卫生事件、社会安全事件等突发事件,能够快速响应、高效处置,为企业和群众提供更加及时、专业、高效的紧急救助服务。

二是加强与执法部门的联勤联动。如湖南省岳阳市在进行12345热线"一呼即应"改革过程中,整合城市运行"一网统管"联勤联动力量,建立部门单位联勤轮值工作机制,促使12345热线紧急来电可即时通知城市运行值班单位做出快速响应;针对需多部门联合处理的群众诉求,基层城运中心、综合行政执法队、公安派出所等职能部门可在现场进行"同步取证、同步认定、同步告知、同步整治"的联动执法,彰显执法威慑力,同时避免执法时间差,切实提高群众诉求办理效率。

2. "热线+基层治理",减弱诉求蔓延的"传导链"

作为处理不同诉求(问题)的主要渠道,网格、热线、综治三者之间的诉求(问题)存在着一定程度的复杂度与风险性上升关系。因此,用宏观视角将三个渠道积累的数据进行关联性挖掘,同时调动相关部门的主动性,跟踪诉求(问题)在"网格—热线—综治"间的传导,能够以主动治理实现未诉先办,以提前介入实现防患未然。

一是"热线+网格",提升主动治理能力。通过网格的主动治理,让网格成为热线的"过滤器"。如北京市建立"热线+网格"为民服务模式,坚持数据、标准、平台、力量的协同治理,推进跨部门、跨层级、跨区域的协同体系建设。通过网格数据和基层热线的连通、比对、分析,实现将网格巡查的部件类事项、事件类问题与12345热线的问题分类匹配关联,探索12345热线"接诉即办"和网格巡查"未诉先办"的深度融合创新,推动城市管理类问题"主动治理、未诉先办"。

二是"热线+综治",提升矛盾化解能力。通过12345热线的协调,让综治、公检法司等部门提前介入相关诉求处置,能够敏锐捕捉社会风险弱信号,及早协商解决,防止"小事拖大、大事拖炸",让12345热线成为平安建设与社会稳定工作的"缓冲器"。如贵州省安顺市实行综治中心实体化运行,建立"1+6"工作协调联动机制,即市综治中心依托12345热线与市信访局、市法院12368诉讼服务中心、市检察院12309检察服务中心、市公安局指挥中心、市12348公共法律服务中心(贵州法网)搭建信息互通、问题共解、决策共商、资源共享的共建共治工作机制。安顺市12345热线收到企业群众反映的有关社会矛盾纠纷、社会治安、社会稳定、风险隐患等问题,除工单派遣诉求主体承办单位外,同时推送至安顺市综治中心,为其在"平安安顺"建设(综治)工作中的统筹协调提供数据和信息支撑,助力重大风险防范化解、矛盾纠纷排查调处、社会治安防控、重点人群服务管理等工作。

3."热线+营商环境",扩充诉求响应的"服务包"

建立为企服务专席、营商环境专席,响应企业群众诉求,不断优化营商环境,是当下12345热线联合相关部门,共同为当地经济发展贡献力量的具体行动体现。

一是针对企业诉求,打造综合服务模式。以12345热线中的企业诉求为线索,查找企业开办、发展过程中的痛点、难点问题,为企业提供精准服务,打造为企服务包,减少企业发展过程中的制度性交易成本。如安徽省蚌埠市12345热线联动市营商办和市地方金融监督管理局、市经信局企业服务发展中心、市人社局等市有关涉企部门,为企业融资、中小企业发展、高级人才招聘等提供专业性支撑。又如四川省成都市打造12345"亲清在线"品牌,将政务服务"蓉易办"、惠企政策"蓉易享"、企业融资"蓉易贷"、涉企纠纷"蓉易诉"、现场服务"蓉易见"等系列创新应用场景进行集成,形成做优一流营商环境的"组合拳",提升为企服务质效。

二是针对群众诉求,营造安心消费环境。营造安心消费环境,是拉动内需的重要举措,也是从消费侧规范市场主体行为、推动营商环境良性发展的重要支撑。比如,针对不断复苏的旅游市场,多地高度重视游客诉求,守护当地旅游形象。山西省大同市专门印发《关于我市假期游客投诉12345接诉即办工作的通知》,成立由县区和相关部门组成的12345接诉即办联合工作组,采取三方通话交办、10分钟建单转办、第一时间到场、1小时反馈回访、不满意诉求督办、重点诉求上报等措施,优质高效地解决游客诉求。海南省三亚市12345热线联合市旅游和文化广电体育局等单位建立"三亚放心游"平台"先行赔付"投诉快速反应机制,市政府设立1 000万元作为诚信商家旅游消费"先行赔付"基金,以擦亮"三亚放心游、放心游三亚"的金字招牌。

4."热线+检察监督",扎牢诉求处置的"托底性"

多地12345热线开展"热线+检察监督"工作,实现政务服务与检察服务双向发力,共促政府治理体系和治理能力现代化建设。如北京市,江西省瑞金市,广东省阳江市、揭阳市、肇庆市高要区等地通过签署合作方案等方式,实现了12345热线和检察机关的机制性衔接。一方面,针对生态环境和资源保护、食品药品安全、安全生产、消费者权益保护等诉求集中的公益受侵害问题,检察机关通过12345热线诉求查找线索,通过"介入—督查—问责—处理"的方式进行解决;另一方面,针对部分难题,12345热线会征询检察机关意见建议,推动问题更好解决、托底解决。

一是实现信息共享。对涉检察监督范围内的公益诉讼、刑事检察、未成年人保护、民事权益保护、行政违法行为、司法救助等领域的线索,12345热线定期移送检察机关,检察机关甄别筛查后,对符合检察监督问题的线索,依法启动监督程序,并将履职情况反馈给12345热线。

12345热线为检察机关办案人员开通话务系统信息查询权限,办案人员通过开展信息筛查,排查涉检监督线索,实现双方无缝对接、优势互补,不断提高为民服务的质量和效能。

二是实现难题共商。12345热线对承办单位接收的权属不清、职责难定的咨询、投诉,需召开联席会议研究的,视职责邀请检察机关列席参加,提出监督意见;对涉及多部门职责的咨询、投诉,需要到现场开展调查处理的,视职责邀请检察机关参与,开展联合巡查处置。

(四)督办环节:以刚性制度为抓手,动员多元主体

督办作为12345热线工作链条中最具"刚性"的一个环节,在国办发〔2020〕53号文、多地关于12345热线的地方性法规、各12345热线管理办法中,均有明确要求与规定。各地在实践过程中,对督查督办方式进行了大量探索,一方面从自身管理体制改革入手,加强督办手段;另一方面从建立多级督办体系入手,使督办成为一项系统化工程。

一是纵向协同,通过12345热线自身管理体制的改革,让督办手段具有强约束力。鉴于目前各地12345热线管理体制不同,其对承办单位的约束力就存在一定差异。为了使上下协调一致,部分地区进行12345热线管理体制改革,将12345热线划转到同一部门管理,从而提高行动的一致性和管理的约束力。比如福建省明确各级政府办公厅(室)为热线主管机构,由机关效能建设机构监督12345热线工作质效。通过修订《福建省机关效能建设工作条例》,将12345热线的有关机制制度纳入条例,用立法的形式明确各级效能工作机构对12345热线工作的监督职责,推动各级各部门将"马上就办、真抓实干"作为准绳和规矩,贯穿到群众诉求办理的全过程。福州市12345热线中心出台了《福州市12345政务服务便民热线"1357"督办反馈工作机制》《福州市12345政务服务便

民热线办理不满意件效能约谈交办机制》《福州市 12345 不满意件申诉审核等业务指南 2.0》等规章制度。如"1357"督办反馈工作机制主要是对涉及危害人民群众生命和财产安全的紧急件(如路面塌陷、树木倒伏、井盖缺失等)及舆情事件等督办事项,要求 1 天内办理反馈;对省、市效能办督办件及其他便民类督办事项,要求 3 天内办理反馈;对需要进一步协调的督办事项,要求 5 天内办理反馈;对涉及重大疑难问题的督办事项,要求办理反馈时限最迟不超过 7 天。未按规定落实的,由市效能办按规定予以责任追究。

二是横向协同,通过建立多级督办体系,让督办方式更具多元化。 如陕西省延安市制定了短信、电话、书面、现场、会商、重点"六位一体"的督办机制;广东省惠州市探索"12345 热线＋政媒融合"服务和宣传监督模式;湖北省咸宁市通过电视问政、市委巡视、政治生态分析等方式促进问题解决等。在建立完善的督办体系方面,山东省临沂市通过地方性法规《临沂市 12345 政务服务便民热线条例》搭建了"五级督办体系",该法规是通过立法手段建立分级分类督办体系的一个创新,相关条款摘录如下。

第二十九条　本市建立由热线督办、媒体监督、政务督查、人大和政协监督、纪委监委监督组成的监督体系。

第三十条　承办单位有下列情形之一的,市、县(区)热线工作机构应当开展热线督办工作:

(一) 属于职责范围但拒不接收工单的;

(二) 超出办理时限未办结的;

(三) 诉求人多次反映未解决的;

（四）多个诉求人集中反映同一类诉求未解决的；

（五）热线知识库更新不及时或者更新内容不符合要求的；

（六）其他需要督办的事项。

热线工作机构开展督办，可以通过电话督办、热线系统督办、书面督办、现场督办等方式进行。

第三十一条　经热线督办仍未解决的诉求，市、县（区）热线工作机构可以联合新闻媒体进行媒体监督。新闻媒体应当发挥舆论监督作用，将监督情况在"12345·临沂首发"客户端等进行公开。

第三十二条　经媒体监督后仍未有效解决的或者承办单位承诺办理但未办理的诉求，市、县（区）热线工作机构可以提交政府督查机构进行政务督查。

第三十三条　对下列诉求办理事项，可以邀请人大代表、政协委员进行监督：

（一）诉求反映量大、社会关注度高的；

（二）群众满意率低、造成不良社会影响的；

（三）屡次整改落实不力、反复治理未取得明显成效的；

（四）其他需要进行监督的。

第三十四条　承办单位及其工作人员在诉求办理过程中存在推诿扯皮、弄虚作假、不作为、乱作为、工作作风粗暴、服务质量差等情形，造成不良影响或者严重后果的，市、县（区）热线工作机构应当按程序将相关问题线索移交同级纪委监委依法依纪进行监督和处理。

——摘录自《临沂市12345政务服务便民热线条例》

三、加强智库能力建设,促进社会治理高质量发展

随着12345热线自身能力建设和协同能力建设的不断加强,12345热线在向"治理中心"跃迁过程中,基于对社情民意的实时感知和深度挖掘,向党委政府建言献策,有效推动了各类问题的解决,进一步发挥了智库作用。

综观各地12345热线诉求的办理情况,基本呈现出"常规问题系统办、规律问题提前办、新发问题协力办"的特点,在解决"一件事"和"一类事"的同时,落脚到系统治理、综合治理、源头治理和依法治理上,不断推进实现"未诉先办",不断提升治理能力。一般而言,常规问题是经济社会运行过程中出现的常见问题,在解决过程中有法可依、有例可依,处理的程序、方法、预期结果等相对比较明确,只是由于涉及主体多,加之资源受限等原因,需要进行系统性、综合性解决;规律问题是在一定的时间、空间等方面存在一定的规律性的问题,在掌握了其发展的规律后,相关部门可提前介入,防止问题的发生;新发问题往往是出于法律法规空白、部门职责交叉不清、监管存在一定盲区、市场规则尚未成型等原因导致缺乏成熟的方法论来指导处置,需要12345热线、承办单位及其他相关部门协力探索解决方案。总的来说,12345热线主要通过以下方式来推进具体问题的解决:

一是12345热线在现有政策中找依据,降低退单率。针对一些退单、推诿的事项,12345热线树立担当意识,通过学习相关法律法规、政策依据以及请教专家等方式,与退单或推诿的承办单位进行深度交流,找到适用政策条款,将退单或推诿问题的解决限制在小范围内。如广东省肇庆市高要区就通过"坚持原则的定力、研究政策的动力、抓住问题实质的功力、明辨似是而非的眼力、钻研较真到底的毅力,进行逻辑思维的

能力"妥善压实了"首派责任制",提高了承办单位办理工单的责任意识和主动意识。

二是 12345 热线与承办单位在专项行动方面做结合,提高解决问题的针对性和覆盖面。12345 热线接到的诉求,反映的是需求侧的关注点;各承办单位在履行自身行政管理职责时所做的工作,反映的是供给侧的关注点。因此,当承办单位在开展定期或不定期的专项行动时,纳入 12345 热线诉求,能够实现供给侧与需求侧的结合,使专项行动更有针对性,同时能够在更广的覆盖面上解决 12345 热线诉求反映出来的问题。比如,在治理道路积水方面,包括北京市、上海市等在内的多地水务部门联合其他部门,开展了"清管行动",既能解决 12345 热线诉求中反映的积水问题,也能最大限度从根本上预防汛期积水问题的产生。

三是 12345 热线与各相关部门将关联问题做整合,加强治理的系统性。在实践中,12345 热线诉求的综合性和行政管理部门管辖范围的专门性之间、问题表现的"标"与问题成因的"本"之间存在着一定的差异性,因此要实现对问题的"治标治本",就需要联合相关部门共同商讨对策,出具解决方案。12345 热线在这一过程中,可通过大数据挖掘等方式,揭示诉求之间的关联性,供相关部门参考。如安徽省合肥市 12345 热线,连续两年,每月出具物业方面的诉求分析,推动了合肥市住宅小区物业矛盾排查化解工作,并专班制定了《关于进一步加强住宅小区物业管理工作的若干举措》,开展 6 大类 24 项具体工作,为系统化提升物业服务水平提供了范本。

四是 12345 热线向政策制定部门提供线索,减少监管的空白点。随着经济社会的不断发展,新经济、新业态、新生活方式不断涌现。当法律法规的制定或更新滞后于此类发展趋势时,就意味着当问题出现时,以"依法行政"作为基本准则的行政管理部门在行使职权时,会缺少"依法"

的前提,从而导致问题无法妥善解决。12345热线因掌握着大量的诉求数据,可以向政策制定部门提供线索,从而减少监管空白点和监管盲区。如随着演唱会实名制观看要求的推出,退票规则问题就成了一个诉求热点,但由于缺乏行业性、通用性处理规则,以个案式协商为主的解决方式往往耗费较多处理成本。据报道,上海市基于此类纠纷的不断增多,正在由上海市消保委牵头研究出台全国首个演唱会消费争议解决指引,拟通过制度化方式降低协商成本,提高问题解决的成功率。

本章通过整理各地典型案例、公开报道及零点有数相关经验,归纳整理部分典型事项的解决方案,供各地在实践中参考,创新专题治理模式,提升综合治理能力。

(一)常规性问题系统办:打通机制卡壳点

理论上,常规性问题可以比较好地解决,但有时由于存在主体多元、相互间利益不好协调(比如物业管理问题),或存在规划、权属、土地、资金等需要协调(比如公共设施建设管理等问题)等特点,导致此类问题经常发生。因此,需要用系统性思维通盘考虑问题形成原因的复杂性,具体问题表现的关联性,找准卡壳点,打通机制,盘活整个问题解决链条。一是打通政策卡壳点,通过优化现有政策,降低集体行动的门槛;二是打通利益卡壳点,综合考虑政府与社会、集体与个人、现在与未来的成本共担与利益共享机制,减少各主体的行动阻力;三是打通权责卡壳点,将各方权责的行使纳入系统化统筹规划中,减少各自为政带来的不协同性;四是打通能力卡壳点,使相关各主体在面临此类问题时,能够有一定的协商能力、规划能力,妥善解决问题。

1. 物业纠纷问题:以系统性方式提升小区治理水平

物业纠纷问题具有涉及主体多(包括开发商、物业服务公司、业委会、居委会等)、涉及事项多(如维修资金使用、物业费缴纳、小区停车问题等)、与市民生活关系紧密等特点,因此往往是各地12345热线居高不下的诉求类别之一。此类问题的本质是基层治理,需要通过整体制度建设、居委会调解能力建设、物业服务能力建设、业主协商能力建设等组合措施,实现基层治理能力的整体提升,从而使问题解决有良好的土壤。

一是适当降低集体决策时的比例要求。近年来,涉及小区维修使用维修资金方面的争议,山西省、威海市、蚌埠市、镇江市等调整维修资金启用表决比例,表决通过比例由"双三分之二"调整为"双过半"。即由专有部分占建筑物总面积三分之二以上的业主且占总人数三分之二以上的业主表决通过,调整为由专有部分面积占比三分之二以上的业主且人数占比三分之二以上的业主参与表决,经参与表决专有部分面积过半数的业主且参与表决人数过半数的业主同意即可通过,大幅度降低了业主使用维修资金的表决门槛,有效缓解了维修资金使用难的现象。

二是开展系统性提升举措。如前所述,物业纠纷相关问题间的关联性较强,融合了经济、社会、文化、管理等方面的各项议题。因此,江苏省苏州市、安徽省合肥市、浙江省诸暨市等地近期均出台了住宅小区物业提升的整体行动方案,以系统性思维对物业问题"治标又治本"。以安徽省合肥市为例,通过开展物业服务水平提升行动,解决标准不高、质价不符问题;开展业主委员会履职能力提升行动,解决业主自治效果不好问题;开展"红色物业"质效提升行动,解决党建引领纵深推进问题;开展住宅小区安全隐患整治行动,解决群众身边突出安全问题;针对物业领域诉求多的问题,建立物业矛盾信访联调机制;针对老旧小区物业收费难问题,探索老旧小区物业多元保障机制等六项行动,一揽子解决物业纠纷问题。

三是通过以案释法提供疑难问题解决方案参考。通过法院判决提供解决方案参考,对引导纠纷解决预期有较好的效果。比如,广东省高级人民法院于 2023 年下半年发布物业服务合同纠纷典型案例①,主要涉及业主车位充电桩安装、物业管理费收费标准调整、业委会更换物业期间各方权利义务等与百姓日常生活息息相关的民生案件。通过判决结果可以发现,物业公司未经法定程序不得随意调整物业收费标准、物业公司拒绝离场无权收取物业服务合同终止后的物业费、居委会可依法代行未成立业委会的小区业委会职责、物业公司不能证明房屋已交付的业主可拒交物业费、业主安装充电桩合理需求物业公司应予配合等,为现在很多物业服务纠纷的解决提供了法律指引。

2. 公共设施缺失与管理问题:统筹规划,建管衔接

公共设施如道路、桥梁、路灯等,其建设、维护因其产权不同、性质不同、移交阶段不同等,所涉及的部门、程序、资金来源等会有较大差别。当发生问题时,普通市民无法掌握这些内在区别,因此就需要 12345 热线在实践中联合不同部门,找到问题症结所在,妥善解决问题。如江苏省南京市、四川省阆中市等地在解决"断头路"、红绿灯设置等问题方面,就摸索出了一套解决方案。

一是统筹规划,解决推进"断档"问题。以"断头路"为代表的一些公共设施建设过程中的"断档"问题,往往涉及规划、建设、资金等方面的限制,导致工程迟迟无法推进,给社会公众的生产生活带来诸多不便。如四川省阆中市某"断头路"在 12345 热线中被诉求较多,经梳理发现,导致该问题的原因是建设规划调整、土地征拆、建设资金缺乏等多重叠加因素。江苏省南京市 12345 热线也接到某条"断头路"的高频投诉,经与规划部门、建设部门交流,得知主要原因是用地手续尚未完备。因此,针

---

① 广东高院发布物业服务合同纠纷典型案例,https://baijiahao.baidu.com/s?id=1775454695232511576&wfr=spider&for=pc。

对"断头路"等大型公共设施的重启建设,需要进行统筹规划,在手续、资金、建设方案、推进进度、质量监督等方面,进行综合考虑。

一方面,可以通过实事项目建设,通过政府投资推进建设。前述四川省阆中市通过组织发改、自规、住建、综执、行政审批、街道办等单位进行现场踏勘、收集周边群众意见,科学制定了征拆方案,快速推动方案设计、询价、政府招标采购、施工、验收等环节的有效落实。同时,将该路纳入阆中市2023年十大民生实事工程,政府投资预计6000多万元。另外,市政府督查办、市纪委通过质询问效、现场答疑承诺,亦督促相关责任领导、责任部门积极作为。

另一方面,将相关工程纳入整体城建规划,推进工程重启。江苏省南京市将前述涉及"断头路"的集中性诉求反馈至市建委,经过市、区两级规划部门的现场查验、成因分析、部门校核后,市建委提出将该路建设纳入城建规划,从而推进"断头路"的建设开通。

二是建管衔接,解决管理"无主"问题。红绿灯、路灯、井盖等市政设施,因其在建设、管理等不同阶段所有权归属不同,在一定程度上会导致出现问题后找不到责任方的情形。针对此问题,需要通过各种方式排摸,找准责任归属或指定负责单位,防止在建设、管理、维护等过程中出现衔接不畅、影响公众生活的情况。

如四川省阆中市在12345热线诉求中发现,某片区对红绿灯、井盖、路灯、行道树等存在的诉求,相关单位均称不在其职能范围内,后经联合摸排,确定该处市政设施属于某地产项目及其周边配套市政设施,目前还未完成建设,暂未通过相关部门验收,故未投入使用。

针对此问题,阆中市根据属地管理原则及12345热线办件规则,由12345热线中心指定涉事区审批局牵头成立包案小组,将此问题上报区政府办公室,确认责任单位,并由市交警支队配合。后经区政府办联合组织辖区部门开展专题会议,决定由区综合行政执法局牵头负责该片区行道树、路灯、井盖维修等市政投诉问题的处理及回复;由区城建局负责新建红绿灯投诉问题的处理及回复。同时,区政府向相关部门致函,要求督促完成其他基础设施建设、验收,并投入使用,从而解决了该市政设施的"无主"管理问题。

(二)规律性问题提前办:找准问题预防点

规律性问题,是指相关问题在分布表现(时间上、空间上)、具体成因等方面具有一定的规律性,相关部门可以在掌握此种规律后,通过提前制定有针对性的举措等方式进行预防,防止问题发生或者蔓延。此类问题中比较典型的,如每年开学前、春节前的工资拖欠问题,汛期的道路积水问题等。通过梳理12345热线相关诉求,可以将此类问题的过往规律挖掘出来,让相关部门在制定预防举措时更有针对性,更具科学性,从而在源头上防止或减少问题发生,提高源头治理水平。一是制度性预防,通过挖掘问题成因,构建相关制度,扎牢制度防线;二是策略性预防,通过制定行动预案、提前排查等方式,应对可能到来的外在冲击。

1. 工资拖欠问题:部门联动,扎牢制度防线

解决工资拖欠问题,历来是中央及各地政府部门的重点工作之一。2020年,"全国根治欠薪线索反映平台"上线,方便诉求人在线上提交欠薪线索;各地不断出台各类"整治欠薪专项行动方案",确保欠薪问题得到及时有效根治。梳理各地专项行动方案会发现,12345热线提供相关欠薪线索、开展"每月一题"等成为很多专项行动的标配。如厦门市在治理欠薪行动中明确"结合省、市纪委监委'点题整治'和市12345热线'一月一主题'专项整治,扎实开展日常监管和集中专项整治行动,推进'一

级抓一级,层层抓落实'工作格局,形成'手拉手'护薪治欠合力"①。此外,湖北省武汉市东湖高新区在"12345热线提供线索、多部门联动解决欠薪"问题方面,也摸索出了一套可供参考的组合做法。

一是接到线索后,深入排查。2023年1月,武汉市东湖高新区接到某农民工代表反映,某建设项目拖欠27名农民工工资100余万元。热线办立即将此情况转派区人社分局,经进一步核实,该项目因工程款结算问题,导致拖欠695名农民工工资2 400余万元。

二是高位统筹,多部门联动。针对上述重点疑难欠薪案件,东湖高新区高位统筹调度,召开专题会研究部署,成立区人社分局、建设局、政法委、公安分局和园区工作专班,按照"管行业管欠薪、管属地管欠薪"原则,坚持细化"园区管企业,建设局管工地,街道管社区"三条线协作模式,形成"抓欠薪全区一盘棋"局面。政法委领导亲自约谈项目开发商和总包单位,接访了诉求当事人,推动了欠薪问题化解。

三是预防入手,筑牢整治防线。在形成部门合力方面,除前述部门外,另纳入基层调处组织、检察院等,定期会商研究,加强源头治理,通过"两法衔接"等制度机制作用,探索建立"事前事中事后"全链条监管机制。在日常监管方面,建立联合约谈机制,对项目开发商、总包单位进行约谈,要求其切实履行主体责任,守牢底线;在资金保障方面,联合辖区银行对在建项目进行上门指导,协助在建项目建立完善工资专户等各项制度;在救济渠道方面,则研究充分发挥应急周转金制度的作用。

四是建章立制,发挥常态长效作用。东湖高新区还以制度促长效,切实把牢欠薪"处置"关,从源头上减少建筑工程领域欠薪案件发生,全力解决农民工的烦"薪"事。东湖高新区密集审核出台了《东湖高新区贯

---

① 《"六抓六强化"推进欠薪治理 厦门人社部门全力保障农民工安"薪"无忧》,人民网,http://fj.people.com.cn/n2/2024/0316/c181466-40777721.html。

彻〈保障农民工工资支付条例〉的实施意见》《东湖高新区"安薪工程"实施方案》《东湖高新区根治欠薪考核细则》《东湖高新区集中整治专项行动实施方案》等文件,从实名制管理、精细化管理、标准化管理三个方面,进一步细化了保障农民工工资支付的相关制度和结果运用,形成了较为完备的制度体系。

2. 道路积水问题:未雨绸缪,平急结合

道路积水问题是汛期来临之际各方关注的焦点。同时,由于道路权属、排水设施权属等具有一定的复杂性,需要进行分类管理;因汛期规律性较强,且治理目标比较明确,需要在汛期来临前提前形成行动方案,未雨绸缪、平急结合,平稳应对汛期雨水影响。在这方面,北京市、上海市等在日常工作中,形成了比较完善的解决方案。

一是形成积水点位底册。北京市12345热线引导市民在反映道路积水问题时,能够有详细信息辅助决策。具体而言,反映内容包括积水所在的具体位置、积水类型(如城市道路、地下通道、人行天桥、公路、小区内部道路和村庄道路等);积水深度大约多少厘米,是否超过路缘石;判断路面是否存在坑洼不平情况,是否有雨水口、雨水箅子,是否存在糊堵或雨水口存在淤积等情况。市民反映信息越详细,由此制作的道路积水点位底册和积水热力图就越详细。

二是联合各部门,全面施策。在北京"每月一题"中,工作推进会联合了市水务局、市委编办、市发展改革委、市规划自然资源委、市交通委、市园林绿化局、市排水集团等市级部门、企业和有关区参会[①]。同时,在

---

① 《市政务服务局组织召开6月"每月一题"道路积水问题工作推进会》,北京市政务服务管理局网站,https://zwfwj.beijing.gov.cn/zwgk/gzdt/202206/t20220609_2733367.html。

"每月一题"简明问答中①,提出小区内部道路发生积水应由物业或相关管理单位处理;交通部门负责解决因路面原因导致的积水问题,调整路面坡向,实施路面改造,负责解决公路积水问题;城市道路养护管理中心负责市管地下通道排水不畅、积水等问题;各区交通委或区城市管理委负责区管地下通道排水不畅、积水等问题;城市管理委或环卫部门负责过街天桥积水问题;乡政府或村委会负责解决村庄内部道路的积水问题;雨后应由环卫部门及时进行路面积水清除作业等。这些权责的明确,确保了各积水点位能够有明确的责任单位进行及时维修。

三是制定"清管行动",提前预防。2024年1月,北京市水务局发布《2024年"清管行动"工作方案》,将"清管行动"列入重要民生实事,全面摸排雨水设施情况,清掏范围进一步向社区、村庄延伸,汛前完成淤堵超标设施的清掏工作。此次"清管行动"分为"查""清""治"三个阶段。2024年1月至2月排查各类雨水设施情况,3月至5月集中清掏公共雨水设施、专用雨水设施、农村排水设施和道路边沟。同时,抓好灾后恢复重建涉及的排水防涝各项任务落实;加强雨污错接混接治理、设施隐患治理和整治违法行为,创新社会化治理,动员社区和村积极参与"清管行动"②。与此类似,上海也开展"排水清管"专项行动,通过"清源头垃圾、清管道积泥、清泵站积泥、治设施隐患、治雨污混接、治违法行为"等"三清三治"方案,确保城市防汛排水运行安全。

(三)新发性问题协力办:弥补政策空白点

新发性问题主要是随着新经济、新业态、新生活方式等的发展而出

---

① 《接诉即办　每月一题　简明问答》,北京市人民政府网站,https://www.beijing.gov.cn/so/zcdh/myyt。
② 《北京市2024年"清管行动"工作方案发布》,北京市水务局网站,https://swj.beijing.gov.cn/swdt/swyw/202401/t20240123_3543665.html。

现的一些问题,由于行政管理规则的审慎性或迟滞性,因此处理此类问题时会存在找不到主管或监管部门、缺乏监管依据、缺乏比较明确的处置规则等难点。这就需要12345热线与相关的主管或监管部门一起,基于12345热线诉求反映的线索,深入具体问题场景中,梳理问题表现、找准问题根源、确定监管责任、形成新的示范性规则。在这类问题中,各种类型的预付卡(费)退费问题,越来越火热的演出市场发展带来的纠纷等,成为各地12345热线面临的典型新发性问题。在解决此类问题时,需要各部门协力,共同完善监管策略、监管规则。一是各相关部门可"跨前一步",与其他可能的相关部门共商解决方案;二是探索新的监管规则或指引规则,提前规范相关市场主体的行为。

1. 预付卡(费)退费问题:细分场景,新规指引

预付卡(费)退费问题,对12345热线的挑战是"派单难",因其场景复杂而会出现承办单位以"不在职责范围内"为由进行退单的情况;对主管或监管部门的挑战是"监管难",因其预付形式多样、涉及市场主体众多,需要探索新型监管抓手来防范问题发生。从各地经验来看,主要做法有如下五点。

一是针对"派单难",理顺监管关系。 因预付卡(费)监管涉及部门较多,很容易出现退单问题。各地通过仔细分类、确定场景等方式,努力解决"派单难"问题。如陕西省安康市汉滨区梳理出承办单位互相推诿扯皮、拒不认领工单现象严重的十大类疑难退费问题工单(包括成人教育类),以正式文件上报区政府,请求区政府明确疑难问题工单承办单位。区政府召开12345热线联席会议,确定十大类疑难退费工单办理部门。

二是针对"依法难",出台法规加以规范。 相关法律法规对预付卡(费)的规定越来越细致,为理顺各部门监管责任提供了法律依据。在国家层面,2024年7月1日开始实施的《中华人民共和国消费者权益保护

法实施条例》,对预付式消费从设立"书面合同"、强化"按约履行"、明确"事中告知"三个方面进一步强化了经营者的义务。在地方层面,北京市、上海市、江苏省等地针对单用途预付消费卡、体育健身行业预付式消费、托育机构预付式消费、营利性文化艺术类校外培训机构培训课程预付费、科技类校外培训预收费等通用性或行业性问题,出台了相关管理办法,为监管部门行使职责提供了法律法规依据。

三是针对"主体多",发布示范合同文本。因市场主体多、消费群体多,通过公布示范合同文本,可以对交易双方形成一定的宣传作用、提前告知作用和约束作用;亦可通过事前广覆盖式告知,来节省事中事后调查监管的部分成本。北京市、上海市、江苏省等多地针对单用途预付卡、体育类校外培训、美容美发健身行业预付费式消费等,制定了示范性合同文本,进一步规范约束了经营者的经营行为。如近期上海市推广的10个合同示范文本[①],其亮点主要有:**设置可解约的"冷静期"**。如在婚介服务、体育健身等合同中均设有3—7天的冷静期,养老合同当事人可以约定不超过30天的试住期,消费者在冷静期(试住期)内可以不需要任何理由解除合同,而且不承担违约责任。**按比例退费**。消费者可以依据合同约定,按照比例或者公式计算退费金额。比如在中小学生校外培训合同中明确课程进度与退款比例,体育健身合同中直接列出余额计算公式。**项目进度全程记录**。合同通过附件的形式列出"服务清单""变更清单""材料明细表""过程记录表"等内容,对付款日、交货日、服务项目等细节和节点进行全程记录,一旦发生违约即可追查。

四是针对"资金监管难",上线预付费资金监管平台进行监管。针对课外培训机构,江苏省苏州市苏州工业园区上线了预付费资金监管平

---

① 《上海推广10个合同示范文本,维护消费者权益》,上观网,https://web.shobserver.com/sgh/detail?id=1362683。

台。北京市朝阳区市场监管局联合农业银行推出了"朝阳预存宝"资金监管平台①。为吸引企业入驻平台，同时也能帮助企业更好地发展，平台采取入驻自愿原则，朝阳区市场监管局还联系美团、大众点评等平台，为入驻企业免费打标。消费者在美团等平台搜索到这些入驻企业时，可以看到该企业会有"朝阳预存宝入驻企业"的标注。此外，入驻企业在向银行贷款时，也会享受到银行的优先政策。

五是针对"执行难"，以强约束机制做托底。比如湖南省岳阳市12345热线在协调保险退费时，组建了由法律专家、基层党员、居民代表等为成员的"群英"调解小组，通过前期调查、制定预案、现场调解、签订协议等步骤完成调解工作，调解之后将协议书拿到岳阳楼区法院进行司法确认，以确保保险公司按照协议完成相关退保手续。近期，最高人民法院也对外发布了《最高人民法院关于审理预付式消费民事纠纷案件适用法律若干问题的解释（征求意见稿）》②，通过法律托底、公安机关介入等强约束机制，保护消费者合法权益。

2. 演出市场纠纷：在探索中平衡供需双方利益，形成共识

随着演出市场的不断复苏、演唱会实名制购票的推行等，市民对演唱会的投诉陆续成为各地12345热线的一个新增诉求类别。梳理这些诉求与纠纷会发现，虽然演出市场发展比较充分，但因缺乏比较明确的、通行的行业规则，相关纠纷解决工作亟须在实践中平衡主办方、票务方、消费者等相关主体的利益，形成共识，减少纠纷的发生或降低协调纠纷

---

① 《区市场监管局积极推进"朝阳预存宝"推广应用工作，探索"未诉先办"新型治理模式》，北京市朝阳区人民政府网站，http://www.bjchy.gov.cn/dynamic/news/8a24fe837d0190ed017d023a38d4000f.html。
② 《〈最高人民法院关于审理预付式消费民事纠纷案件适用法律若干问题的解释（征求意见稿）〉向社会公开征求意见》，中华人民共和国最高人民法院网站，https://www.court.gov.cn/hudong/xiangqing/434531.html。

的成本。当前,不少地方已经开始探索,相关经验可资借鉴。

一是从历史数据中学习,做好演唱会综合保障。为做好演唱会综合保障,呼和浩特市12345热线探索建立了一套完善的大型演唱会诉求反馈、处办综合保障机制[①]。**首先,制定工作预案**。调取往年演唱会保障期间的平台运行数据进行复盘,分析话务峰值、热点诉求以及处办的堵点难点,科学制定工作预案。**其次,线上线下无缝联动**。组织市交管局、市场局、属地政府、公交公司、交投集团、演唱会主办方等相关单位就演唱会诉求答复事宜采用提前介入方式;针对"演唱会演出时间、入场能携带的物品、票务实名、公共交通线路、停车场及交通管制、无人机拍摄"等热点高频诉求,组织相关部门及时充实完善知识库内容、增加演唱会标识、统一规范答复口径,确保话务员前端精准解答。**最后,限时高效办理**。接听以直接回复为主,尽量不生成工单,第一时间让群众诉求得到答复。特殊情况生成工单,实行限时办结制度,做到紧急求助类事项立即响应并在2小时内答复,一般咨询类事项在24小时内反馈结果。对于分析汇总的"共享单车停放、通信信号保障、餐饮食品安全、环境卫生保洁"等涉及职能交叉的特殊疑难诉求,逐项分析研判,明确处办路径和责任单位,确保诉求督办质效。与呼和浩特类似,安徽省合肥市12345热线针对演唱会相关诉求也进行了专题分析,梳理出消费者关注的重难点问题,为后续演唱会保障工作提供了参考。

二是从其他票务规则中获得启示,做好定价售票退票机制。在各类诉求中,退票纠纷是消费者与票务平台、主办方分歧较大的纠纷。现在强实名制下,门票不能转让转赠,若遇到生病等不可预见的突发情况申

---

① 《呼和浩特市12345政务服务便民热线探索建立大型演唱会诉求反馈、处办综合保障机制》,呼和浩特市人民政府网站,http://www.huhhot.gov.cn/2022_zwdt/bmdt/202406/t20240611_1724394.html。

请退票退费,票务平台常以门票具有稀缺性、时效性等为由拒绝退票,或者退票时收取不合理的高额手续费。目前,梯次退票机制已经在较多文娱演出中得到应用,对退换票纠纷起到一定调节作用。监管部门可将退换票机制纳入演出审批的评估流程中,进一步对退票的手续费阶梯、退票的方式等细则制定具体的规定说明,根据距离演出时间的长短,确定合理的梯次手续费或违约金标准;同时根据消费者提供的不可抗力证明,相应地减免手续费或违约金。可以参考铁路售票机制,完善候补、退票流程,给消费者提供便利的退换票服务,保障消费者合法正当的退票退费权利。据报道,《上海法治报》联合上海市消保委,将以上海法院相关判例为基准,汇聚法律、演出等各方专家意见,研究出台全国首个"演唱会消费争议解决指引",将事先分类售票、事中及时补救、建立候补购票制度、调整"一刀切"、细化阶梯式退票政策等进行研究,既保护消费者权益,又保护经营者权益。[1]

三是从演艺市场扩展出去,做好"大文旅"协同发展。将演出活动,如歌星演唱会与旅游"绑定",出台并不断完善大型音乐活动经济配套措施,提升群众消费体验,推动消费者走向旅游景区。如山西省太原市出台《支持演唱会经济发展的若干措施(试行)》[2],"大力发展演艺经济,打造具有太原特色的演艺消费矩阵",在一众歌星演唱会期间,为观众提供免费接驳服务、延长地铁运营时间、持演唱会门票免费参观太原景区等福利;通过做好城市软硬件设施建设,指导鼓励当地景区及消费聚集区

---

[1] 《应率先"立规"!〈上海法治报〉拟联合市消保委出台全国首个演唱会消费争议解决指引》,《上海法治报》,https://mp.weixin.qq.com/s?__biz=MzA5MzUwOTYzNQ==&mid=2649903630&idx=1&sn=7d225887e265884385a6a54374c99903&chksm=89dbd16580f14cbf388df3385276143885c003fbc8a4c35f3b11f1e900a4477b0cb1803cec19&scene=27。

[2] 《太原:发展演艺经济 打造"歌迷之城"》,山西省文化和旅游厅网站,https://wlt.shanxi.gov.cn/xwzx/sxdt/202406/t20240628_9597820.shtml。

等推出更多融合特色的演出文化活动,不断创新消费场景,为消费者提供更丰富、更多元的文化体验;将演唱会、音乐节等大型音乐文化演出与文化特色相结合,推动"民生＋文化演出＋产业"融合发展,进而增强文化演出方面的吸引力和竞争力,为城市可持续发展注入新的活力。

第三章

勇开新局：
探索高科技应用实践

高科技及其应用是政务热线新能量场建设的动力源泉。新一代信息技术的发展孕育出一大批更智能、更高效、更安全的新型技术工具,使得人工智能、大数据等技术逐步在12345热线运营工作中应用,进一步解放了群众、热线和政府部门,极大丰富了政务热线服务的表现形态,为政务热线的新质化探索提供了物质和技术条件。从技术发展驱动角度来看,大模型在2022年的破圈发展使得各行业开始探索其在相关领域内的应用可能,从大语言模型到多模态大模型,为政务热线的新质化探索提供了无限可能。

一、人工智能算法迭代,数字技术推动新质热线发展

新质生产力是由技术革命性突破、生产要素创新性配置、产业深度转型升级而催生的当代先进生产力,是以新技术深化应用为驱动,以新产业、新业态和新模式快速涌现为重要特征的。其中,新技术是推动各行业转型升级、进入"新质模式"的重要推力,如通过对5G、人工智能、大数据等新一代信息技术的应用,能够实现在制造业、服务业的不同领域内的新质发展。

聚焦12345热线,作为政务服务"总客服",它承担着政府对外服务企业和群众的重要工作。话务接听的信息化保障一直是12345热线的关注重点,并随着城市治理要求的发展进一步强调了对大数据、人工智能等技术的应用。概览各地12345热线当下的发展趋势,通过新一代人

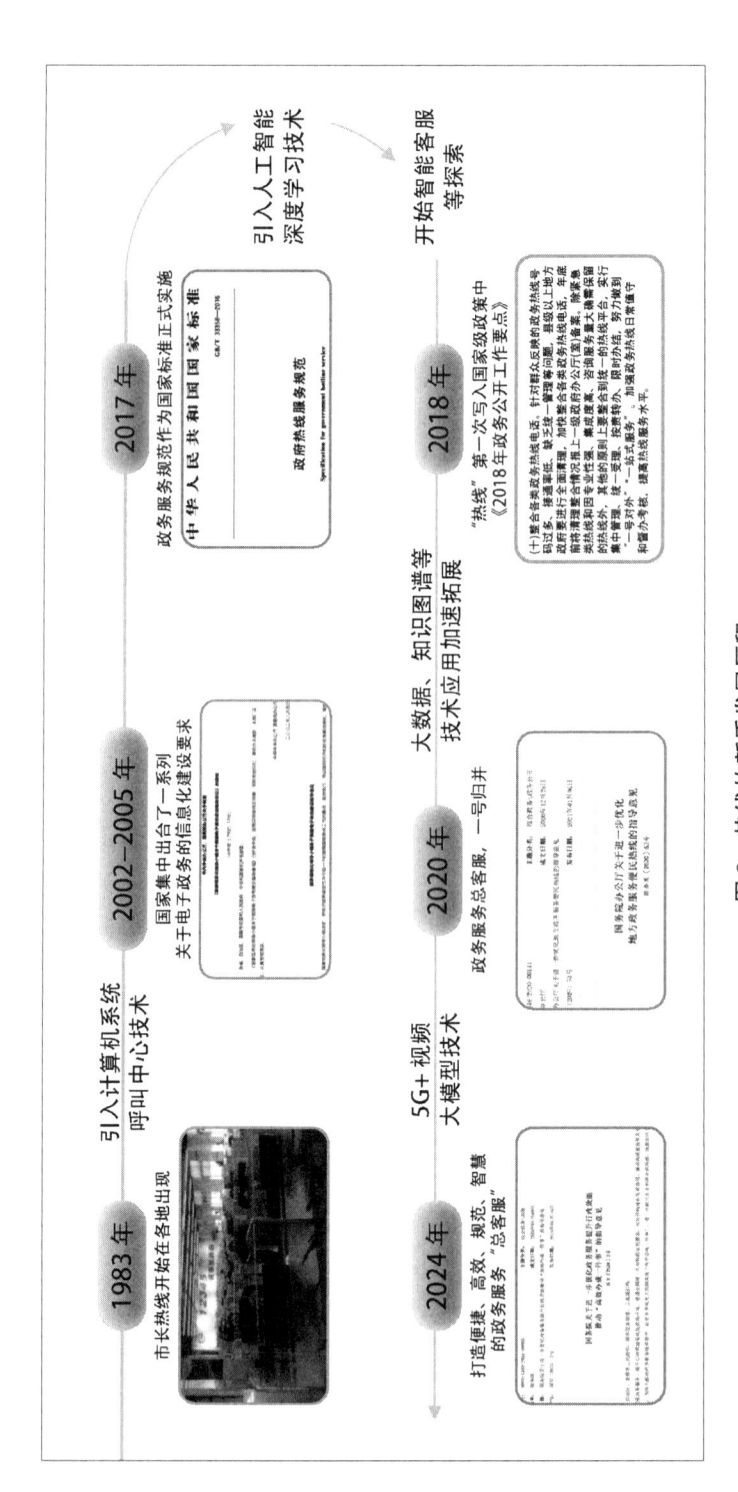

图 9 热线的新质发展历程

068 　新质化探索：政务热线新能量场建设实践

工智能算法不断探索运营流程提速、接话服务提质、治理能力提效,可以说是一条重要的工作主线,书写着人工智能技术应用持续推动12345热线向新质热线发展的新篇章。

(一)人工智能赋能的新质场景

新质生产力核心是以科技创新驱动生产力向新的质态跃升,人工智能就是现阶段各类生产力的加速器和推进器。在12345热线中,人工智能赋能热线工作的核心,是解决工作中的一系列成本高、效率低、质量差的业务场景。零点有数通过梳理12345热线运行中7个重要环节,总结了15个制约热线发展质效的痛点场景,各类新技术将从人工替代、效率提升、质量优化三个方面赋能,实现新质热线的发展。

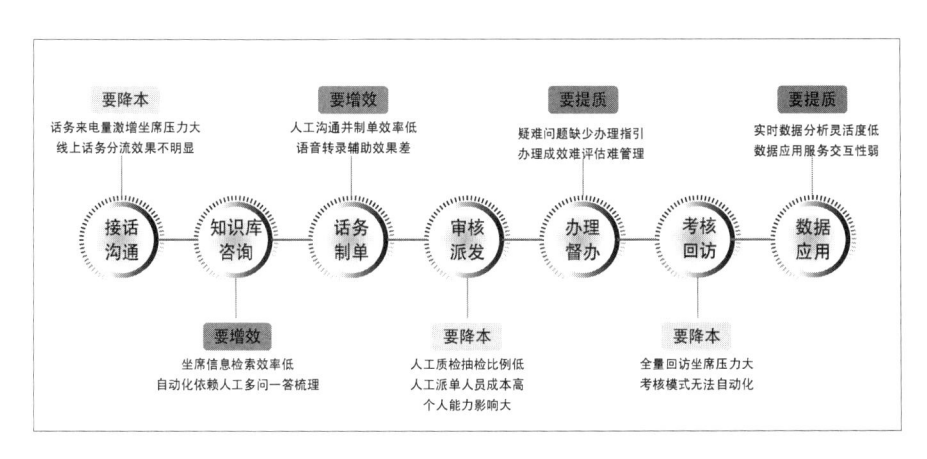

图10 热线全流程痛点

基于人工智能的三大技术核心(机器学习、深度学习和大模型)以及知识图谱技术的业务应用,针对上述痛点场景,零点有数梳理了20个用于新质热线提升的应用功能,通过环节式的功能提升,可以逐个突破当前热线在成本、效率和质量方面的桎梏,使得12345热线发展更快更新质。未来,还可以通过将各环节功能通过一个大模型Agent实现全流程排布调用,彻底颠覆现有的工作模式,使得12345热线跃迁至下一个质态台阶。

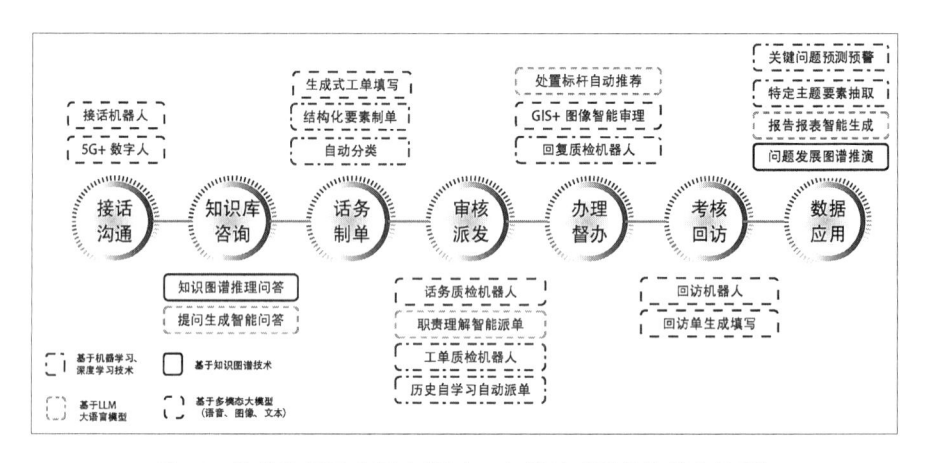

图 11 热线的新质应用功能(人工智能技术赋能热线全流程)

(二)人工智能技术的革新驱动

从应用功能中不难看出,目前实现热线赋能的新技术主要集中在机器学习、深度学习与大模型这三类技术应用上,这三个概念也是当下提到人工智能的核心理念。从技术发展角度看,这三个概念是一个随时间

图 12 机器学习、深度学习与大模型的层级关系

发展的技术迭代脉络,也是一个逐步缩小的技术范围。简言之,机器学习技术是当前人工智能的一个重要分支,深度学习则是目前机器学习的主要技术方向,而大模型是指深度学习中的大型(数十亿参数)神经网络模型。

1. 机器学习:人工智能的基石

机器学习(machine learning)是一种人工智能的基础技术,是通过让机器对过去已知的大量数据进行学习,逐渐有能力从数据中发现接近现实的规律,并通过这些规律对未来的某些状况进行预测的能力。

在热线的新质应用中,机器学习类算法模型主要用于数据分析、预测阶段。如图11中,数据应用环节的关键问题预测预警模块内的多个算法,都是基于机器学习技术完成的。机器学习对数据量的要求相对较低,简单任务只需几千至几万数量级的数据就可以满足需求;同时,由于其计算复杂度较低,对算力要求也较低,一般的中央处理器(CPU)就能满足应用需求。机器学习的模型可解释性强,数据应用相对可控,但对数据质量要求高,且需要业务积累提供参考特征(即哪些数据维度是更重要、更有影响度的)。机器学习的算法适用于各种类型的数据,包括结构化数据和非结构化数据。

根据模型训练方式,可以将机器学习分为四类:

(1)监督学习(supervised learning):监督学习是使用已知正确答案的示例来训练网络,利用已知数据和其一一对应的标签,训练一个预测模型,实现将输入数据映射到标签的过程。实质是把已知的"问题和答案"(训练集)提供给机器去学习,让机器总结出自己的"方法论"。把"新的问题"(测试集)提供给机器去解答。

(2)半监督学习(semi-supervised learning):在半监督学习中,输入数据部分被标记,部分没有被标记,这种学习模型可以用来进行预测。

这类学习算法非常贴合现实场景,我们在实际场景中很容易收集到未标记的数据,标记的数据往往是少量的。

(3)无监督学习(unsupervised learning):无监督学习本质上是一种统计手段,在没有标签的数据里发现潜在的一些结构的训练方法。无监督学习的主要应用场景有:发现异常数据、数据聚类(如细分用户画像)、关联规则的学习等。

(4)强化学习(reinforcement learning):强化学习主要基于决策进行训练,根据输出结果(决策)的成功或失败来训练算法,通过大量经验训练优化后的算法将能够给出较好的预测。强化学习的主要应用场景有:科学决策(优化决策以得到最佳结果)、动态规划(把复杂问题分解成若干个子问题,通过寻找子问题的最优解来得到复杂问题的最优解)等。

2. 深度学习:人工智能的核心引擎

深度学习(deep learning)是现阶段人工智能训练的优先选择模式,是机器学习领域中的一个重要分支。通过构建多网络层的模型和海量训练数据,学习更有用的特征内容,从而最终提升分类或预测的准确性。深度学习使机器能够模仿人类的学习过程,通过不断地迭代和优化,从原始数据中提取出高层次的抽象特征,实现分析、识别和理解复杂数据的能力。

在热线的新质应用中,深度学习算法主要用于运营流转中的类别预测等环节。如图11中自动分类、历史自学习自动派单、特定主题要素抽取等功能都是基于深度学习技术。深度学习的核心价值是可以自动提取重要特征并进行学习,从而避免了手动提取特征的麻烦,更加适用于大规模数据集,其覆盖范围广、适应性好、预测效果也更好,可以处理较为复杂、非结构化的数据集。但深度学习模型训练需要较高的算力,通常依赖于图形处理器(GPU)或神经网络处理器(NPU),且对数据量有较高的要求,几万到几百万条数据是常见需求量级。但在热线使用场景下,多数功能仅需推理应用即可(训练可由供应商本地完成),故而深度学习的部分功能也可以基于CPU环境使用。

基于深度学习的发展,可以分为以下六类模型:

(1) 前馈神经网络(feedforward neural networks,FNN):最早的神经网络类型,信息在这种网络中仅向前传递,没有反馈。输入数据被传递给输入层的神经元,每个神经元接收前一层神经元的输出作为输入,并通过激活函数和权重进行计算,然后将结果传递给下一层,最终,信号从隐藏层传递到输出层,输出层的神经元根据接收到的信号和权重产生最终的输出结果。

(2) 卷积神经网络(convolutional neural networks,CNN):通过卷积运算和池化运算来提取输入数据的特征,并通过多层神经网络结构来对特征进行学习和分类。简单讲,卷积层负责提取图像中的局部特征;池化层用来大幅降低参数量级(降维);全连接层类似传统神经网络的部分,用来输出想要的结果。这种网络类型在图像处理和计算机视觉领域非常重要。

(3) 循环神经网络(recurrent neural networks,RNN):循环神经网络用于处理序列数据,是以序列数据为输入,在序列的演进方向进行递归,且所有节点(循环单元)按链式连接的递归神经网络。简单说,它每次都会将前一次的输出结果,带到下一次的隐藏层中,一起训练。因此在对序列的非线性特征进行学习时具有一定优势。

(4) 长短期记忆网络(long short-term memory,LSTM):RNN的一种变体,通过引入门机制解决了RNN在处理长序列时的梯度消失和爆炸问题。简单说,LSTM会将数据划重点,保留较长序列数据中的

"重要信息",忽略不重要的信息,这样就解决了 RNN 短期记忆存在的问题。

(5)生成对抗网络(generative adversarial networks,GAN):模型主要包括两个部分,一个生成器和一个判别器。生成器生成新的数据实例,判别器尝试从真实数据和生成的数据中进行区分。通过不断切换自己最优的模型数据作为训练数据,从而提升另一方的能力,实现自动判断和优化。

(6)自注意力网络/Transformer 网络:自注意力网络(self attention networks,SAN)是一种基于注意力机制的神经网络模型,它允许模型在处理一个输入序列时,对序列中的每个元素进行加权求和,以捕捉元素之间的关系。这种网络类型主要用于处理序列数据,特别是在自然语言处理中,如 Google 的 BERT(bidirectional encoder representations from transformers)模型。它通过自注意力机制处理输入之间的依赖关系,而不需要像 RNN 那样顺序处理输入。

3. 大模型:人工智能的先进成果

大模型是指具有大量参数和计算资源的深度学习模型,其发展源于自然语言处理领域,通常在训练过程中需要大量的数据和计算能力,并且具有数百万到数十亿个参数,在处理复杂任务时能够更好地捕捉数据中的模式和规律。

在热线的应用中,大模型主要用于人机沟通、内容生成等方面。 如图 11 中接话机器人、生成式工单填写等功能都是基于大模型应用。与其他算法模型相比,大模型的预训练方式使其能够学习到广泛的知识和模式,预训练完成后,仅需使用少量数据的微调甚至无须微调,模型就能直接支撑各类应用。大模型参数量巨大,使其获得了强大的表达能力和学习能力,且能同时处理多个任务。但大模型需要使用大规模的数据、大量的算力设备和较长的训练时间才能完成,通常需要数百甚至上千个GPU服务器,以及几周甚至几个月的时间。不同于深度学习,大模型即使是微调或推理阶段也需要高算力。尤其是在真实的热线工作中,由于需要处理高并发、大规模的推理任务,若无GPU或NPU的支持,则无法实现调用。

大模型通常采用预训练+微调的方式,即先在海量无标注的数据上进行自监督学习,然后根据具体的下游任务进行少量数据的微调,以实现更优的识别、理解、决策、生成等效果。按照应用领域的不同,大模型主要可以分为L0、L1、L2三个层级:

通用大模型即L0:是指可以在多个领域和任务上通用的大模型。它们利用大算力、使用海量的开放数据与具有巨量参数的深度学习算法,在大规模无标注数据上进行训练,以寻找特征并发现规律,进而形成可"举一反三"的强大泛化能力,可在不进行微调或少量微调的情况下完成多场景任务,相当于AI完成了"通识教育"。

行业大模型即L1:是指那些针对特定行业或领域的大模型。它们通常使用行业相关的数据进行预训练或微调,以提高在该领域的理解力、性能和准确度,相当于AI成为"行业专家"。

垂直大模型即L2:是指那些针对特定任务或场景的大模型。它们通常使用任务相关的数据进行预训练或微调,以提高在该任务上的性能和效果。这就是说即使目前市场上已经有了大量的通用模型,在实际垂直行业的应用中,仍需要大量算法微调工作,才能实现大模型在业务场景中的有效应用。

(三)各类分支领域的扩充应用

1. 话务过程的支持:自动语音处理

自动语音处理(automatic speech processing,ASP)是人工智能和

信号处理领域的一个重要分支,它涉及对人类语音信号的自动分析、处理和理解。这一领域的目标是使计算机能够模拟人类的听觉系统,实现对语音的智能识别、生成和交互。

自动语音处理技术一直是政务服务热线迭代的重要技术支柱。自动语音处理技术是热线工作中最早涉及人工智能技术的领域,具有呼叫中心职责的政务服务热线,从 20 世纪 90 年代就开始引入一系列计算机电话集成系统应用。随着机器学习、深度学习以及大模型算法的技术跃升,各地热线通过使用自动语音识别(语音转录)、语音合成(文本转语音)等技术来实现对市民的自然语言交流,真正实现了对来电人的智能化响应,不断推动人机交互。

自动语音处理技术的快速发展始于 20 世纪 80 年代,属于统计建模阶段。这一阶段,美国卡内基梅隆大学开发的隐马尔可夫模型(hidden markov model,HMM)算法在自动语音识别中得到了应用,显著提升了识别精度,能够进行更大规模的词汇集处理和连续语音识别。

第二阶段的快速发展是基于 21 世纪的数据驱动和机器学习发展。21 世纪初,语音处理技术引入了支持向量机(SVM)和人工神经网络(ANN)等机器学习算法,语音识别的准确率进一步提升,应用范围扩大到语音助手、自动客服等领域。

第三阶段是 2010 年以后深度学习技术引发的革命性进步。谷歌、微软等科技巨头相继推出了基于深度学习的高性能语音识别系统,端到端的自动语音识别系统开始兴起。近五年,Transformer 和 BERT 等基于注意力机制的模型在自动语音识别、语音合成等技术中表现出色。大规模预训练模型(如 OpenAI 的 Whisper)进一步提升了语音识别的性能,支持多语言、多领域的识别任务,为真正的智能客服提供了技术可行性。

2. 知识信息的应用：自然语言处理

自然语言处理（natural language processing，NLP）是人工智能和语言学领域的一个交叉学科，它旨在使计算机能够理解、解释和产生人类语言的内容。

自然语言处理技术在热线的应用起始于话务质检，发展于文本分析，蓬勃于流程自动化。 热线工作中最早期的自然语言处理技术应用，还是与话务过程息息相关的，其核心在于对坐席员接话过程的质检应用，包含对服务规范话术、来电人情感分析等的应用。文本技术的拓展式应用与热线中心的定位（从呼叫中心到数据中心再到治理中心）的转变有着十足的关联。由于数据分析的需求聚焦到深入挖掘工单内容、拆解诉求要素等内容，引发了一系列热线工作对于自然语言处理技术的文本分析需求。随着领导关注和解决效果的提升，热线越来越"热"，工单的运营流转又开始了新一轮的自动化要求。为进一步提升工作效率，基于深度学习的类别预测、智能制单等大量需求不断涌现，自然语言处理技术开始在热线各环节中广泛应用。

第一阶段的自然语言处理技术基于规则和符号方法（20 世纪 50—70 年代），核心是机器翻译研究。 在第二次世界大战期间，计算机在密码破译方面取得了巨大的成功，但实现的仅是单词级别的翻译查询，以及一些简单的基于规则来处理泛化单词和词序的方式。

第二阶段的自然语言处理技术主要基于统计方法（1970—1992 年）。 技术在语法和引用等方面表现出了复杂性和深度，但这些算法模型都是基于规则手工构建的，即由人工进行定义的文本内容和句法结构构建的。

第三阶段的自然语言处理技术是机器学习推动的重要发展周期（1993—2012 年）。 这一周期内的模型主要是通过计算特定的事实（单词）来提高语言理解能力，但由于效果不佳，最终专注于构建注释语言资源,例如,标记单词的意义,文本中人名或公司名称的实例,或者树库中句子的语法结构等。基于这些数据集,使用有监督的机器学习技术来构建模型,可以在运行时在新的文本上产生类似的标签。

第四阶段的自然语言处理技术的集中发展来源于深度学习模式(2013年至今)。在这一阶段,单词和句子由向量空间中的位置表示,意义或语法的相似性由该空间中的接近度表示,使得模型可以更好地推广到具有相似含义的单词或短语中。其中的Transformer架构和BERT模型,则是近年来大量的智能分类、自动派单等分类预测模型的底层算法架构。随着Transformer架构的持续发展,预训练自然语言大模型在2022年引发了新一轮的技术潮流,也成为近两年热线工作中新一轮智能化应用的核心关注。

3. 视频图像的未来:计算机视觉

计算机视觉(computer vision,CV)是人工智能的一个重要分支,它涉及研究如何使计算机能够像人类一样解释和理解图像和视频中的视觉信息。计算机视觉的目标是模仿人类视觉系统的能力,包括物体识别、场景理解、事件识别等。

到目前为止,计算机视觉领域在热线中的应用较少。但随着5G通信技术的发展,目前已有部分地区开始探索5G+的视频诉求探索。零点有数认为,基于视频诉求的后续应用,也将逐步拓展到视频领域的实时问题识别和处置对比中。

> 四川省成都市龙泉驿区水务局依托智慧城市治理中心,深入挖掘构建"河长遥控指挥+无人机巡航+现场人员处置"的"指挥官+巡逻兵+冲锋员"作战体系,就是通过无人机巡航+图像识别技术,快速定位河湖漂浮物,更快捷省力地解决了相关问题。

计算机视觉领域的第一阶段发展,是出现了一系列经典方法与模型(20世纪80—90年代)。约翰·卡尼(John Canny)提出了一种多级边缘检测算法,至今仍是边缘检测的标准方法。另外,大卫·罗伊(David Lowe)提出了一种尺度不变特征变换(scale-invariant feature transform,SIFT,1999年)算法,是在尺度和旋转上具有不变性的图像特征描述子,用于图像匹配和物体识别。

计算机视觉领域第二阶段的发展基石是统计方法和机器学习(20世纪90年代以后到21世纪)。支持向量机(support vector machine,SVM)被广泛应用于图像分类任务。Boosting方法(如AdaBoost),结合弱分类器提高分类性能,则广泛用于目标检测任务。

计算机视觉领域第三阶段的发展是基于深度学习的核心技术模式。亚历克斯·克尔泽夫斯基(Alex Krizhevsky)等人在ImageNet竞赛中使用卷积神经网络(CNN)取得了显著的成果,标志着深度学习在计算机视觉领域的崛起。残差网络(ResNet)通过引入残差连接,解决了深层网络的梯度消失问题。当今(2020年以后),多模态和综合智能成为计算机视觉的主要应用目标。2021年,OpenAI提出的CLIP模型,将视觉和文本结合,能够理解图像和文本之间的关系,并在多种任务上表现出色。DALL-E模型则能够根据文本描述生成图像,展示了图像生成的新可能性。

二、技术赋能运营提效,从人力服务转向人机交互

政务热线从2016年开始进入国家视野起,国家就提出了"加强政府热线电话管理""建设完善专业咨询投诉系统""加强共享共用政策业务咨询问答知识库"等要求,体现出了热线工作与信息化系统运营建设的

密不可分。

随着热线逐步成为政府回应社会关切的重要渠道,从"一号对外"到政务服务"总客服","接得更快、分得更准、办得更实"的国家级要求不断推动着热线工作前行。2024年《进一步优化政务服务提升行政效能 推动"高效办成一件事"的指导意见》中更是提到,推动政务服务由人力服务型向人机交互型转变,可见新质技术在热线运营提效工作中占据了愈发重要的位置。

纵观近10年热线对外的政府采购信息,除了坐席人员采购,绝大部分的热线领域采购预算均用于信息化系统的升级,尤其是针对话务系统和业务系统的升级工作。通过对招采数据进行分析,可以发现其中具有两大特征:一是信息化工作已主要覆盖接话、制单、分派、流转、考核等工作过程;二是采购需求从流程性的平台搭建已陆续向智能化升级转变。

(一)接得更快:降本增效的人工智能

1. 接话沟通:按键导引、语音交互、智能客服的迭代

作为热线的最前端,接话工作是12345热线与群众直接交流的窗口,是群众与政府沟通的重要桥梁。由于12345热线承载着各类不同的需求,包括咨询、投诉、建议等,忙时话务损失一直是各地政府关注的问题。为此,通过各种技术手段对话务进行分流,运用智能客服解决部分咨询查询工作,是人工智能在热线最前端的应用。

初期的接话分流是基于按键导引的交互式语音应答(interactive voice response,IVR)模式。它的核心技术是初代自动化导航流程,引导客户通过按键输入选择不同的服务选项。IVR模式主要依赖人工梳理业务流程,并将其按步骤、分选项变成话务脚本,通过文本转语音技术

(text to speech，TTS)变为自动导航,基于一步步的细化引导,可以直接转接指定坐席或获取相关信息。

> 北京 12345 市民服务热线在新冠肺炎疫情期间上线了新版智能语音,市民可根据智能语音提示,准确咨询反映问题,获取相关政策解释。当时的热线 IVR,初始引导为"按 1 为健康宝弹窗问题,按 2 为紧急就医救助问题,按 3 为咨询、反映其他问题"。

这种 IVR 式导航的最大弊端,是用户需要不停地听—操作—听—操作,不够便利,并且沟通过程会因为个体化的差异与结构的设计不匹配,导致大量时间浪费,因此许多咨询者还是倾向于直接进入人工客服。

后期的接话机器人基于自然语音技术引入了语音交互能力。这一模式主要依赖的是语音识别技术(automatic speech recognition，ASR),技术目标是将人类语音中的词汇内容转换为计算机可读的输入,即我们常说的语音转文字技术。这项技术允许计算机系统能够识别市民通过语音输入的指令,通过对语音的分析,系统能够根据预设的脚本提供相应的服务或信息。

> 杭州 12345 热线积极打造政务服务"店小二",推出了热线智能机器人"小杭",可以为公积金业务提供咨询服务,业务范围涉及公积金提取、缴存、贷款三大类 23 小项,市民拨打电话后,只要跟随"小杭"的智能语音提示引导,最多进行五轮对话,就能得到关于想咨询的公积金业务的准确回复。

但市民在实际应用中却发现这类接话机器人的智能客服理解能力较低。由于所有的交互工作都通过预设的脚本进行，一旦市民回复中未提到预设的关键词，智能客服便无法继续提供有效服务。因此，"转人工"成了很多市民在电话接通后的第一句话。

大模型的发展真正赋能了智能客服以理解力，并提供了数字人的类人交互选项。通过多模态大模型，输入端不再限于电话语音、线上文字，亦可以在互联网侧实现视频的输入理解。在压力最大的电话渠道中，大模型智能客服将在语音端通过更好的语音识别技术（ASR）、噪声消除技术准确获取来电人询问信息后，通过大语言模型理解复杂的语言结构，并通过自身知识的检索生成回复，同时关注之前的对话内容，形成连续且连贯的对话流，最后再由语音端语音合成技术（TTS）实现语音回复。大模型智能客服的优势在于，一方面它对文本的理解力要远超于语音交互阶段，不再通过命中预设的关键词的脚本式模式，可以给出更为个性化的自然交互服务；另一方面它提供更好的情绪识别力，可以识别到来电人对话中的情绪变化，提供更为人性化的服务体验，或及时地转入人工坐席提供有效服务。

2. 知识库咨询：检索、查询、推理、问答的四级跳

在接听侧，为了保证能够响应更多市民的需求，保证热线的接通率，各地热线单位对单个话务时长有其各自的要求。因此坐席员在解答市民咨询时，要以最快的速度从大量的知识信息中找到准确内容并进行回答，这也就催生了智能化知识库应用的持续升级。

第一阶段：基于关键词精确匹配的"知识检索"。在热线知识库的早期应用中，主要采用基于关键词的精确匹配技术。可分为两种使用形式，一是由坐席员在知识库中通过关键词模式进行检索，输出对应的知识文章来缩小查询范围，再进一步总结进行回复；二是提前梳理部分问答对,并设计好关键词信息,根据市民来电用语触发关键词,来查找匹配的答案。这类"检索式"的问答模式,由于要求精准匹配,当市民的问题/坐席的提问未包含关键词时,就无法获取回答。因此,这种智能问答的应用范围有限,随着技术进步被逐步淘汰。

第二阶段:基于倒排索引的"模糊查询"。这种模式不再仅仅依赖于精确的关键词匹配,而是基于文件中的字典设计来对应相关的知识文件。它基于语句字面相似度,对预先定义的问答知识库进行模糊匹配,实现不同市民/坐席相似问法的回答。这种方式使得机器人可以更灵活地处理用户的不同表达方式,从而提高回答的准确性和覆盖范围。前10年里,各地热线中心大量梳理的热点问题多问一答工作,就是对"模糊查询"的提示和辅助。这种模式的出现增强了机器人与用户之间的交互体验,但仍然受限于预先设定的字典库,它需要人工输入庞大的问答知识库,维护成本很高;同时,对字面相似、含义不同的问法难以区分,整体回复的有效识别率仍然不够理想。

第三阶段:基于逻辑推理的知识图谱智能问答。以具体知识内容为主体梳理建构的知识图谱[①]模式的智能问答,可以回答较为复杂的、有多个条件的咨询问题。它将知识库内的政策文件通过自然语言处理技术(如命名实体识别[②]、信息抽取[③]、实体消歧[④]等),拆解成结构化的

---

① 知识图谱由三元组组成,它是知识图谱的一种通用表示方式。三元组的基本形式主要包括(实体/概念 1—关系—实体/概念 2)和(实体—属性—属性值)等。每个属性—值对,可用来刻画实体的内在特性,而关系可用来连接两个实体,刻画它们之间的关联。
② 命名实体识别技术(named entity recognition, NER):识别文本中的专有名词,如人名、地名、机构名等。
③ 信息抽取技术(information extraction, IE):从非结构化文本中提取结构化信息,部分需要标注数据进行二次训练。
④ 实体消歧技术(entity disambiguation, ED):基于词袋模型或语义特征的聚类方法或多源异构语义知识融合的方式,将对同一实体的不同名字进行关联。

点状信息和索引,最终以图谱推理的模式给出答案。如市民询问"我在A、B、C三地分别缴纳了×年职工社保,目前考虑定居在C地,需要办理什么手续保证退休后可领取养老金",就可根据职工社会保险—养老保险—异地缴纳—个人统筹……的结构推理出相关的办理方式。图谱式智能问答的准确率很高,且可解释性强,可以基于图谱追溯推理过程,保证回答效果。

> 目前已有很多地区建设了专题的知识图谱用于智能问答工作。如珠海市12345热线通过与承办单位共同建设热线知识库,结合业务热点知识,构建知识图谱体系,实现业务精准回答。目前已成功搭建了"5.11防汛""中国航展"等阶段性热点,以及"社保业务""户政管理""企业专题"等专项热点知识图谱。

第四阶段:基于提问理解的大模型智能问答。随着人工智能技术(AI)的发展,大语言模型基于神经网络,通过海量数据预训练获得的类人理解力,使得其在智能客服应用上理解提问和上下文语义,生成更加人性化和自然的回答成为可能。大模型智能问答不再依赖关键词、规则、结构化推理,而是对提问的问题实现类人思维的"理解问题—检索知识—总结生成—直接回复"模式。这种智能问答,一方面运用了大模型本身的语义理解能力和总结生成能力,保证对输入输出的自然有效交互;另一方面链接了地方热线自身的知识库进行检索增强,保证了输出内容的准确性。同时,由于大模型智能问答可以对非结构化的知识进行直接理解,相对于知识图谱又减少了大量对底层知识库结构化的建设要求,是近期主要的发展方向。

> 近期唐山市12345热线上线了基于大模型的智能咨询问答功能,话务员不再需要通过关键词一次次地进行知识搜索、阅读、总结,只需直接提问,智能知识咨询即可直接给出回答结果,复杂问题的回复时间从30—60秒,缩减到10秒左右,大大提升了接话效率。

(二)分得更准:加速提质的人工智能

1. 话务制单:从转录辅助到直接生成的制单应用

热线来电接入后,面对市民的多样诉求,如何快速、准确、全面地记录市民诉求内容,成为坐席员的重要工作。由于12345热线对接通率的极高要求,需要坐席员在与市民沟通的同时完成部分记录总结工作,在电话结束后的极短时间内对话务工单的一系列内容(如标题、地址、工单内容、诉求分类等信息)快速填写完成,生成话务工单进入派单流程。一边是话务时间的极高要求,一边是边听、边记、边思考总结的实际工作,导致部分地区的话务小结非常简短、质量不高。为此,各地热线积极探索人工智能技术在话务制单工作上的可能应用,减轻话务员的接话制单压力。

早期的制单应用实质是基于语音转录的辅助。在这一阶段中,基于自动语音识别技术(ASR),系统可实时将坐席员和市民的对话内容进行转写,以文字的形式展开在系统中。坐席员则需要对文本内容进行摘录修改,分别填入对应的制单模块中,最终形成工单。自2010年以来,大部分热线系统均上线了语音转录功能,意图为坐席员减少工单制单压力。但由于我国幅员辽阔、方言众多,且热线中存在大量的专业词汇、专业地址信息,导致关键信息转录准确度不高;同时话务内容篇幅很长,且无法直接对应写入制单内容,动辄十几页的转录文本需要坐席员自行查看摘录,语音转录功能的实用性较低。

中期的制单应用是基于深度学习的结构化抽取填空。这一模式在自动语音识别形成了的长篇转录文本上,通过对部分结构化信息的自动提取填写,生成部分工单内容。它的前提是将工单内容从一段精简的话务小结,结构化变成一个个的可选类别或填空题,再由经过特定训练应用于专业场景的模型进行抽取填充。例如,基于 BERT 模型[1]对具体点位信息进行训练提取,基于 UIE 框架[2]训练专门识别金额的模型等。但由于结构式抽取制单模式在业务结构制定、训练数据质量及体量等方面的要求较高,实际工作中不同诉求间也存在通用性较差的问题,因此一直没能得到广泛的发展。但用于诉求类别填写的智能分类模型,作为单独功能却得到了广泛应用。这源于成百上千的诉求类别、千人千面的坐席理解,与更快、更准、更一致的标准化要求间的冲突带来的更多的需求。

> 广州市建设的"智能坐席助手",能通过话务员与来电市民的对话,自动识别问题分类、事发时间、涉事主体、涉事金额等关键信息,经过坐席员快速核实后,一张信息完善的工单当即填写完毕,制单用时较智能化应用上线以前有大幅缩减。

---

[1] BERT(bidirectional encoder representations from transformers)是一种语言表征模型,使用 Transformer 的双向编码器构建。与传统循环神经网络模型不同,BERT 旨在通过联合调节所有层中的上下文来预先训练深度双向表示。因此,预训练的 BERT 表示可以通过一个额外的输出层进行微调,以适用于下游的特定任务,比如文本分类、实体抽取等,而无须针对具体任务做大幅架构修改及训练。

[2] UIE(universal information extraction)是一种通用信息抽取统一框架,该框架实现了实体抽取、关系抽取、事件抽取、情感分析等任务的统一建模,并使得不同任务间具备良好的迁移和泛化能力。基于该框架训练的通用模型,用户可以使用自然语言自定义抽取目标,无须再次训练即可统一抽取输入文本中的对应信息。同时还可以具备优秀的小样本微调能力,快速适配特定的抽取目标。

当前的制单应用目标是基于大模型的概要生成制单。这一目标以自动语音识别技术形成的长篇转录文本为基础，通过生成式大语言模型进行总结概要，将对话内容总结生成一系列制单所必需的内容，包括不超过20字的工单标题、一段100字以内的话务小结、工单属性、诉求分类，等等。通过大语言模型已有的语言逻辑理解、语言组织规律能力，它得以明白整个会话过程的内容和目标，可以对结构化的工单属性、诉求分类等进行选项判断。同时，基于大语言模型的总结生成能力，又可以对大量的文本内容进行总结概要，实现非结构化的工单标题、内容填写。但在实现非结构化文本的过程中，由于不同类问题的总结结构、关注信息不一致，需要针对热线话务工单的特定结构进行prompt工程设计，再辅以对应的标注数据进行二次微调训练，才能实现准确、稳定、有效的智能制单。

> 2024年上半年，深圳市、合肥市、唐山市等地已上线了基于大模型的生成式概要制单，可以根据实时会话内容，自动对工单的多项内容（标题、小结、分类等）进行智能化生成。在实际使用中，坐席员仅需根据自身理解，在生成内容的基础上进行修正即可，可以大幅降低其制单压力；在时间效率上，3分钟的对话过程，智能制单仅需不到10秒，且可与接话过程同步，协助缩短单个话务时长。

2. 派单流转：从建立规则到理解职责的派单应用

随着国务院对热线工作的持续关注和不断提出的新要求，各地热线工作进入了改革深水区，接诉即办、未诉先办等一系列举措让市民愈发认可热线这一诉求反馈渠道，随之而来的则是不断增长的工单量。为了更好地解决市民诉求，提高工单派发到相应承办部门的派单速度和准确率,成了诉求办理的核心。但由于热线人员流动性高、部门职责复杂、地区边界参差、新问题层出不穷,人工派单速度和准确率都很难保证。为此,针对派单这一关键环节,近年来各地也在不断地推陈出新,优化算法模式,出现了多种基于不同技术路径的自动派单模式。

第一阶段:基于业务规则字词梳理的匹配派单。这一阶段的自动派单,主要依赖于业务梳理和传统的自然语言处理技术。具体来讲,还可以分为两类。一是热线中心通过梳理承办单位职责与诉求的对应关系,建立基于诉求类别、文本关键词与承办单位间的匹配规则,再经由模糊搜索对新工单进行匹配派单;二是基于 TF-IDF 算法对工单进行关键字提取,得到特定单位工单的特征信息,形成派单规则,当新工单进入后与数据库内历史派单信息特征进行比对,实现自动派单。但在实际业务中,由于部分诉求内容复杂,且办理单位的职责会出现交叉等情况,导致规则梳理难度大,对业务人员要求极高。同时,这种匹配派单模式灵活性较差,适用性范围往往受限,自动派单率相对较低。在 2010 年以后,很多地区梳理了大量的规则,实现了自动派单,但由于其投入产出比较低,加之人工智能技术的进步,多地热线之后又陆续改变了类似的派单模式。

第二阶段:基于历史数据搭建机器学习算法的判断派单。其核心是基于决策树等机器学习算法,从历史工单中为逐个承办单位建设对应的派单算法,并实现综合应用。例如基于 XGBoost[①] 算法实现的自动派单,它通过历史派单数据中的案件发生地址和案件描述,用自然语言处

[①] XGBoost(extreme gradient boosting),即一种高效的梯度提升决策树算法。作为一种前向加法模型,他的核心是采用集成思想——Boosting 思想,将多个弱学习器通过一定的方法整合为一个强学习器。即用多棵树共同决策,并且用每棵树的结果都是目标值与之前所有树的预测结果之差,并将所有的结果累加即得到最终的结果,以此达到整个模型效果的提升。

理技术对案件属性进行标准化处理,经过多次训练和优化,最终得到准确率较高的分类模型;当有新的热线案件时,算法会根据分类模型的输出结果,将案件派到相对应的部门进行处置。这种方案在一定程度上减少了热线派单过程中的人工经验依赖,提高了派单的准确率和效率。但由于机器学习算法对特征的选取效果不可控,其派单准确率仍不稳定,效果仍有待提升。

第三阶段:基于对过往派单经验深度学习的自动派单。其核心是对以往诉求派单结果进行深度学习,自动建立起各单位的派单特征,即读懂诉求内容的派单逻辑。在新工单生成后,深度学习模型可以准确理解和识别工单的内容和意图,并与形成的派单特征进行计算,形成派单概率,再依托部门自动排除阈值,来判断是否进行自动派单。由于模型主要依赖于以往的派单经验,随着部分部门职责的调整和新生问题的出现,这类深度学习派单模型还同步配置有自适应升级的能力,通过针对校正后的新生派单经验,不断自动优化校正派单算法,持续提升派单的准确性和派单效率。但与此相一致的是,仅用于推理派单部门的算力要求要远低于用于自适应训练派单模型的算力要求。2020年以后,大量地市选择了建设基于深度学习的自动派单模型,如揭阳市的自动派单模型,据统计自功能上线以来,派单率为97%,派单准确率为91%。

第四阶段:基于理解部门职责的预训练大模型智能派单。这一阶段的大模型智能派单算法可以不再完全依赖于以往的派单经验,而是通过对各单位三定职责的学习,理解部门职责范围,辅助以历史工单的学习,形成职责与工单内容的相关关系,建设起部门职责—泛化匹配的诉求内容,以及区域边界—泛化关联的具体地址两类算法逻辑,实现真正基于部门职责要求的派单。其优势在于可避免历史派单中由于"首接负责"等体制机制带来的偏误数据,并且形成经深度学习后固化为自动派单的业务逻辑。同时,不同于以往派单模型仅能给出派单部门的选项,大模型的智能派单还可以给出相应的派单依据,即能给出与新工单诉求内容相关的承办部门的对应职责内容,降低部门推诿的可能。

(三)办得更实:客观指引的人工智能

12345热线接诉即办工作,起始在接、过程在转、落实在办,如何更好解决居民诉求是热线工作的最终落点。2024年第八届热线大会收集了大量地区的办单案例,综合来看以建立体制机制、优化个案办理模式为主,在智能化、信息化上的应用不多。零点有数认为,在国家持续要求压实热线办理责任,继续支持推动科技浪潮的背景下,热线在办理模式优化、办理效果评估等方面,都将陆续看到智能化应用的出现。

1. 个案办理:标杆案例的赋能

通过本次办单案例的收集,零点有数发现各地在不同类别的诉求上都在持续摸索最佳解决路径。有的地方针对行业监管空白和盲区问题建立起了类似问题的处置机制;有的地方针对停车问题摸索出了多元解决模式;还有的地方持续探索不同环境保护问题解决思路的共性与特性……但从整体上看,地区性的办理经验都很难跨区域产生借鉴。这种现象一方面体现了各类政策、经验的数据碎片化,另一方面也受限于不同地区条件背景的差异,很难跨区域复用。但零点有数认为,通过大模型技术的不断提升,以及广泛的数据收集与业务积累,办单经验的跨地区互用已经存在其可行性基础。

基于大模型的通用能力,各地可以通过对广泛的政策、经验数据及其使用背景等数据的学习调参,形成专业的办单大模型。模型可根据新的工单内容及其产生的社会、经济背景,提供参考经验和解决思路:一是快速识别问题特征,精准找到相似区域及相关问题;二是通过提供可参考的标杆案例,拓宽问题处置思路,加速问题处置。通过两步走,对复杂问题的解决实现跨地区的优秀治理经验的有效复用,提升诉求问题解决的质量和效率,赋能处置部门城市问题的治理和解决能力。

2. 监督管理:智能到位的监管

在办单案例中,可以看到已经有地方通过无人机、摄像头应用视频识别等技术手段作为问题发现的渠道。从保障办理实效角度来看,零点有数认为基于地理定位和视频图像识别的办理监管,未来也将进入热线工作。

对办理监测的实现主要关注两个方面:一是处置位置与诉求描述的一致性;二是问题的解决效果呈现。前者主要基于地理信息系统(geographic information system,GIS)相关技术的应用,首先通过地理编码实现将工单中描述的诉求地址或兴趣点(point of interest,POI)转换为指定经纬度,再通过一线处置人员的处置定位匹配,确定是否到达诉求位置,即以转码经纬度为中心使用一定半径建立一个圆形地理围栏(也可以根据具体情况建立其他形式的地理围栏),当处置人员抵达该围栏内时,即认定已到达目标地点。后者则需要通过对图像识别技术的应用(可基于物体检测和识别技术),对办理前后现场情况的特定类别的处置效果实现自动化前后判断。如北京市石景山区就通过图像识别技术实现了对街头游商、垃圾满冒多种诉求场景的识别和问题解决前后效果的判断。

通过办理智能监管,一方面可以加强一线办理情况的督办能力,确保问题的真实解决;另一方面可以增加部门工作实效的评估渠道,改善目前仅能通过居民进行单方面效果评价的机制。

3. 城市治理:政策建议的推动

从诉求处置到城市治理,推动超大城市整体性、系统性和全面性改革,正在形成一种市民诉求驱动的超大城市治理新思路。目前,此类工作主要依赖于热线业务人员或第三方智库的主动思考,还未能从广泛的地方政策和发展经验中得到迁移复用。

为了更好地让新技术推动城市治理的发展,零点有数认为,可以通过构建接诉即办的城市治理策略大脑,基于城市问题提供综合解决思路和政策建议。通过建设国家、省市的多级政策数据库和各地城市治理难点策略数据库,对大语言模型进行训练调参和对数据库的检索增强,实现大模型基于当地诉求情况快速识别城市治理难点的可能,在城市治理中观层面、在决策指挥层面提供优秀解决方案参考、相关政策支持和城市治理建议。零点有数于2023年发布的热线楷模中有类似应用。

三、数据应用拓展边界,由人工统计转向算法生成

在热线成立之初,热线工单更多只是作为工作过程的证明,对数据的应用也多停留在人工数据统计上。随着信息技术的引入,各地更多也仅是从对外展示考虑,建设了包含一系列统计维度的展示大屏。而当2019年"接诉即办"工作开始启动后,领导的高度重视、市民的大量参与、数据的持续增长,就让一张张工单成为城市治理的重要数据仓。

2024年,国务院《关于进一步优化政务服务提升行政效能推动"高效办成一件事"的指导意见》中提到,"要创新开展大数据、区块链、人工智能等新技术应用,推动政务服务由人力服务型向人机交互型转变,由经验判断型向数据分析型转变"。这进一步明确了在热线未来的发展中,大数据、智能化等新质技术将起到的重要支撑作用。

从"接诉即办"到"未诉先办"的转变,体现了市民诉求驱动城市治理

的高阶逻辑。一种市民诉求驱动超大城市治理的新路子,正在推动超大城市治理整体性、系统性和全面性的改革。新质生产力以数据为关键生产要素,未来,各地将进一步通过信息化技术深入挖掘数据规律、研判城市体征,融合地方的业务需求与可落地的先进技术能力,不断推动数据应用的深入探索和边界拓展。

（一）数据监测统计

1. 描述统计的广泛应用

描述统计是热线分析工作中最基础的部分,大量的日常报表及数据应用均来自于热线系统生成数据的描述统计,多是对某一时刻的静态数据展开多维度（多字段）的描述汇总。

描述统计主要用于数据的初步分析。基于描述统计可以了解数据的分布、中心趋势、离散程度、异常值、相关性等。描述统计的目的是简要地概括和展示数据的整体特征,它不试图从数据中推断出任何结论。在热线中,描述统计涵盖了大量的基础工作,如诉求总量、诉求类别分布、超时办理工单等的数据分析、极值告警工作,均属于描述统计。

描述统计主要依赖于结构化的数据库信息。这类统计主要是对结构化的数据字段（即由数字和数值组成的可用于计数或计算的字段）,按照码表内容或时间段落进行计数汇总展示。针对非结构化的长文本数据或地理信息数据等,则无法进行更多的应用。

描述统计应用从单变量统计逐步拓展到对趋势的关注。早期的部门应用多以针对某个字段的截面数据统计为主,随着数据量的增长,部门应用开始关注数据的集中程度和离散程度。一方面是关注大量数据里的异常值,通过对一段时间数据的集中指数（算数均数、几何均数、中位数等)和离散指数(极差、方差与标准差、变异系数等)对特殊工单进行告警,如话务时长不合理工单等;另一方面是关注统计结果的时序性变化,如通过对一个周期下的某类诉求随时间的变化来判断诉求的可能涨落。

2. 规范统计的可配置进阶

随着各级领导对热线工作的愈发重视,热线中心接到了越来越多的专题分析和临时报表要求,仅提供标准固化的统计结果的系统已经无法满足实时的、任意的分析需求,可配置的数据应用就此应需而生。

第一阶段,类商业智能的看板分析应用开始出现。商业智能(business intelligence,BI)工具的技术体系主要由数据仓库、在线分析处理技术以及数据挖掘技术三部分组成。一般在热线使用中,其核心的功能是将热线数据库与在线分析处理技术相融合。在线分析处理技术主要是通过对数据库信息进行清洗,然后提取、转换、加载工具,根据指定的维度进行数量清理、聚合、预计算数据,并将这些数据存储在系统中,最后业务分析师使用联机分析处理(online analytical processing,OLAP)工具从多维数据中查询和生成数据分析结果。它能够实现根据使用者选取的数据范围、分析条件、计算指标,从原始数据中转化出对应的数据结果。同时,一般这类系统都附带图表生成的展示功能,可根据数据结果和使用者选取的图表形式,实现一键生成统计图。

临沂市12345热线打造的"沂蒙同心云"大数据智能分析系统,建设了自定义主题分析功能。系统将所有原始数据清洗后的字段都开放给用户,方便用户根据需求创建维护自己的数据看板;也能够对自定义分析中设置的报表,通过编排生成报告。

第二阶段,对常用的统计分析功能进行可配置应用升级。类商业智能的看板式应用的灵活度固然高,但是由于实际使用人员对数据库结构、统计分析规范的了解不够深入,导致其使用门槛相对较高,实际使用频率不高。但分析需求的复杂度和变化性又再持续增高,一个建有统计分析下钻功能,同时可配置数据源的分析应用软件随之出现。它根据日常使用需求,对高频的分析维度及其下钻分析进行功能固化,同时提供可配置的数据源选项。这类系统一方面降低了数据使用的门槛,另一方面提升了数据分析的灵活度,是目前用于应对日常各类分析需求的有效应用。

> 保定市 12345 热线打造的自助数据分析系统,实现了仅需点选一系列要求即可配置生成数据源,并可辅以系统设计的各类专题和通用要素模型,通过简易操作就能满足日常复杂多样的分析需求,实现多维度分析。

3. 智能统计的大模型交互

可配置的常用统计分析功能虽然能满足日常的绝大多数分析需求,但其灵活性仍较商业智能(BI)系统有很大差距,若经常需要变换不同的思路进行下钻统计,则仍然无法快速响应。

大语言模型的出现使得读懂数据分析需求成为可能。各地开始探索经由大语言模型调用 BI 分析软件,实现 AI+BI 的应用。这类基于大模型交互的智能统计软件可以为领导及分析人员提供快速的数据分析和图表展示功能,提升数据运用效率。通过实时接入热线工单数据,实现仅通过日常需求描述即可快速实现数据分析及多种图表展示的功能,大幅降低了数据应用门槛。

> 类似的应用在北京市经济技术开发区的亦智政务大模型服务平台上也有使用。它采用问答交互方式,可动态呈现经济运行、招商引资、城市治理等七大领域的指标分析、图表比对、发展预测等信息,能够实现"一句指令、动态响应"的效果。据介绍,目前该助手已初步实现了1 092个领导驾驶舱指标的智能问数支持服务。

(二)关键问题识别

1. 通用识别算法:机器学习与自然语言处理的应用

随着热线在城市治理中的作用愈发被重视,数据统计已不能满足热线的分析要求,从数据统计到关键问题识别成为数据赋能的主要范式。在这一模式下,数据赋能将更关注问题浮现、问题识别、问题提炼和问题响应等业务环节,建设覆盖广泛的问题识别应用算法。首先被各地热线开始关注应用的,是通用型算法模型。

一是基于自然语言处理技术的各类文本算法。由于热线工单的主要信息存储在半结构化的工单内容、部门回复等长文本字段中,对这类数据的深入挖掘和对统计型结果进行补充是目前各地热线的第一需求。例如,基于分词技术[①]实现的新词、热词等算法功能,能够很好地打破热线分类的桎梏,以词的维度发现新生问题苗头和热点聚焦内容;基于命名实体识别技术实现的重点点位关注、集中企业诉求分析功能,则能够通过在长文本中自动提取对应的点位、企业信息,并通过实体消歧技术进行数据校正与应用分析,从而实现对关键诉求实体的识别和分析。

---

① 分词(word tokenization),也叫切词,即通过某种方式将句子中的各个词语识别并分离开来,使得文本从"字序列"的表示升级为"词序列"表示。其中包括基于词典、基于隐马尔可夫模型(HMM)或条件随机场模型(CRF)的机器学习和基于深度学习神经网络的实现方式。

二是基于地理信息系统(GIS)的算法应用。由于诉求本质上是在某地发生的某事,因此对地理信息的应用成为下一阶段的需求。由于很多地区在热线工单记录时并没有地图应用,无法提供问题经纬度,为了实现 GIS 应用,第一步需要实现的是地理编码,将诉求中的地址提出并进行经纬度转码。之后,可以根据落点的聚集、离散程度与诉求类别等其他数据,共同形成多种多样的问题识别算法,如乱点区域识别、多人同诉识别,兴趣点(如医院、商场等)效益评估等算法。另外,针对专门的行业还有其特定应用。例如,北京公交集团就通过热线诉求来对公交线路开辟、站点调整进行规划提示辅助决策,其中大量应用了地理信息技术,如 DBSCAN 聚类算法[①]等。

三是基于业务逻辑和多源数据的算法应用。现阶段,热线的工作要求已经从"接诉即办"进阶到了"未诉先办",这对热线数据分析提出了一个重要的要求:识别诉求发生和主体发展的规律。而这类需求很难通过热线单一数据来实现,需要在业务的指导下通过多源数据汇聚来进行机器学习算法的生成。比如,在进行对不同类别诉求数据下一周期诉求量预测的过程中,需要根据所选数据进行相关业务数据的汇聚,再应用如时序预测算法(ARIMA)、长短时记忆网络(LSTM)等模型进行计算,才能得到更符合业务要求的分析结果,发现可能出现的关键问题。再比如,想要对不同的小区进行主体画像理解,需要获取所有小区的客观属性信息、经济情况和诉求情况等多源数据,通过挑选重要指标维度进行聚类分析,才能够实现对各类小区的画像识别。

---

① DBSCAN(density-based spatial clustering of applications with noise)是一个比较有代表性的基于密度的聚类算法。与划分和层次聚类方法不同,它将簇定义为密度相连的点的最大集合,能够把具有足够高密度的区域划分为簇,并可在噪声的空间数据库中发现任意形状的聚类。

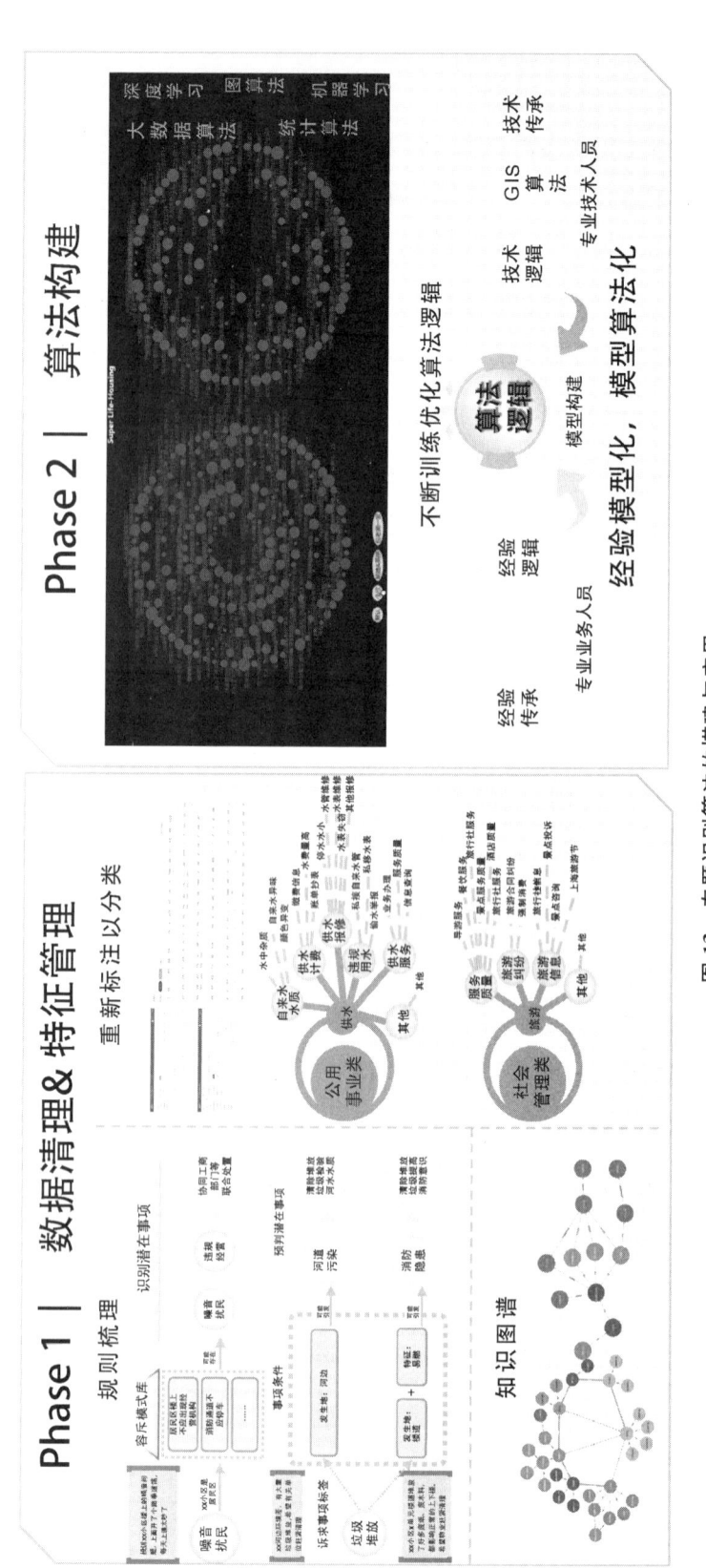

图 13 专题识别算法的搭建与应用

2. 专题识别算法：深度学习的专题性应用

通用识别算法一般解决宏观逻辑上的重点问题，并对新生问题进行识别，但在对具体场景问题的深入剖析上则显得不足。当已经识别到某一关键问题需持续关注时，希望从数据中看到其业务特征或结构变化，则需要根据专题场景搭建专门的深度学习模型进行应用。

针对这类模型搭建，其核心工作步骤有三：一是选择核心关注的业务场景，并规划其分析下钻的业务需求，如针对汛季场景，主要关注房屋滴漏、道路积水、山区灾害等问题，再根据每个具体问题设计其需要关注的重点指标，如房屋滴漏可能关注漏雨位置，山区灾害关注其周边民居等；二是基于场景的指标设计进行数据标注，通过一系列数据的标注给到深度学习模型以训练数据和测试数据；三是对深度学习模型进行训练微调，一般常用的深度学习模型有 BERT 模型、XLNet 模型、ERNIE 模型等，通过测试集数据校验达到应用级目标后，即可形成专题问题识别算法。例如，东莞市热线建设了 5 个专题应用算法，在营商环境、劳资纠纷、教育管理、物业管理等领域进行了专题的下钻分析应用。

（三）智能体综合分析

随着大模型技术的不断发展，业界普遍认为其下一代的应用是智能体应用，即一种全部问题的解决器。从软件工程的角度来看，智能体是一种基于大语言模型的，具备规划思考能力、记忆能力、使用工具函数的能力，能自主完成给定任务的计算机程序。在 12345 热线分析的下一代综合应用模式中，智能体（大模型 Agent）也将成为必然的应用途径。

热线档案
专业训练
场景大模型

通用算法小模型

人与组织分析	地理信息位置分析	诉求事件情况分析
人群感知画像	乱点识别	高频热词识别	群发告警
企业主体画像	重点区域监测	隐性情感检测	潜在风险识别
小区主体识别	POI关联诉求	突发诉求	业务趋势预判
诉求主体监测	传播风险识别	……	……

人 **地** **事**

20+个通用算法模型

专题算法小模型

主题	专题	事项名称	主题	专题	事项名称
房地产市场	房产交易问题	房屋租赁纠纷	公共设施建设	便民服务设施建设	农贸市场的建设与管理
公共安全	社会治安	非法集资	公共设施建设	排水设施建设	道路积水
公共安全	消防安全	消防隐患	公共设施建设	排水设施建设	井盖安全隐患
公共安全	自然灾害	防汛防台	公共设施建设	环保环卫设施建设	公共厕所
公共安全	户籍管理	居住证办理	公共设施建设	能源供应设施建设	充电桩安装与管理

100+个专题算法模型

软件工具包

通用大模型

deepseek　通义千问　KIMI
文心一言　智谱清言　百度大模型

热线

指令理解 —— **工具调用**

图14　业务小模型+场景大模型集成的综合智能体

一是源于智能体有规划、记忆和工具使用的能力。在未来的综合分析智能体中，核心需要是对自然语言指令及其对应任务的调用关联模式进行训练，使得智能体可以理解使用者需求，并将需求自行规划为一个或多个并串联子任务，调用相关工具实现数据分析应用，提供数据分析结果。而这些主要依赖于大模型的三大功能：规划功能，即智能体会把大型任务分解为子任务，并规划执行任务的流程；记忆功能，即在执行任务的过程中的上下文，会在子任务的执行过程中产生和暂存，在任务完结后被清空；工具使用功能，即智能体配备有多种分析工具应用程序编程接口（API），可以基于输入的问题给到对应的数据分析结果或识别出的特定问题结果。

二是可以通过调用各种小模型，实现自然语言交互的定量分析。目前，热线工作中的分析主要以定量分析为主，从数据检测到关键问题识别，上述两个小节分别描述了基于业务统计、机器学习、深度学习等各类小模型的算法实现方式。智能体则可以基于功能调用排布。未来的数据应用智能体，将可以实现以自然语言的交互形式，回答各类基于数据应用的城市治理、热线业务问题。一方面是常规的热线数据体征，在调用各种统计分析小模型的基础上，可以进行实时计算展示；另一方面是对城市治理问题的挖掘，可通过调用各种小模型算法工具，实现对城市治理中复杂问题的回复。

三是可以通过调用场景大模型和图谱工具，实现自然语言交互的定性分析。目前，热线中定性分析应用不多，仅有少数地区尝试通过探索知识图谱、事理图谱等技术，实现业务推理。究其原因主要有二：一是工单记录简单、信息不足，二是热线数据量大、定性挖掘难度高。但随着大模型理解力和数据处理能力的提升，定性分析的目标可以从工单小结变成转录文本，长文本分析在现阶段大模型能力上已成可能；同时，一系列原因总结、演绎推理、比较应用等专门用于定性分析的场景大模型在持续建设中,为定性挖掘提供了可能性。最终,这些大模型将形成一种可调用的工具能力,成为智能体综合分析的一部分。

  相信在不久的未来,随着大模型的百花齐放,大语言模型会支持更长的上下文、更大的参数规模,其推理能力也会愈发强大。因此,随着业务与技术的双向驱动,基于大模型搭建的智能体(AI Agent)的能力边界也会不断突破,从而不断拓展数据应用的边界。

第四章

未来已来：
绘制可持续发展蓝图

新质生产力是新时代推动经济社会高质量发展的重要理论指导和实践路径,代表了以创新为主导的先进生产力,具有高科技、高效能、高质量的特征,符合新发展理念,对于促进科技创新、产业升级、绿色转型以及构建现代化经济体系等方面具有深远影响。"大力推进现代化产业体系建设,加快发展新质生产力"已列入2024年政府十大工作任务之首。

在数字化基础设施的支撑下,数字化平台技术创新和数字化业务应用服务蓬勃发展。在大模型的加持下,基于深度学习实现真正的智能,政务服务逐渐由人力服务型向人机交互型转变,由经验判断型向数据分析型转变,可以说政务热线新能量场建设是大势所趋。然而,12345热线新能量场建设过程中,也仍然面临数智化发展规划不足、跨部门大数据融合不足、垂直领域大模型不成熟、算力不足、国产化适配不充分、复合型新质人才比较匮乏等发展困境。

12345热线未来的发展趋势将是高效化、智能化和价值化,通过积极拥抱新质生产力,对12345热线进行流程和价值重塑,对于提升热线服务质效、赋能产业、推动城市治理模式转型等,均具有重要意义。

一、不断整合新资源,推动热线高效化协同

经过多年的发展,全国各地12345热线不断探索和创新热线发展模式,如北京12345热线的"接诉即办""未诉先办"、海南12345热线的"12345+网格化+直通联办"、深圳12345热线的"民意速办"等。这些

新模式的不断探索和创新,为热线整合更多的资源提供了良好的基础,在推动热线高效化协同发展方面做了有益探索,加大了企业和群众诉求的解决力度,提升了热线的服务效率和质量,为新质生产力在热线领域的运用注入了新的发展动力,并塑造着更高效、可持续的生产关系。

一是整合更多数据资源,打造场景化诉求问题发现中心。当前大部分城市12345热线通过加强归并整合,不断拓展受理渠道,获取了更广泛的诉求数据。如海口12345热线、银川12345热线等地方探索,整合网格、摄像头、传感器等资源,实现了跨部门数据的共享整合。但当前数据整合覆盖面还不够广,数据质量还不够高,数据共享使用机制还不够健全,影响了数据应用效果。随着数字政府、数字社会、数字经济建设的不断推进,数字要素市场的不断完善,数据质量的不断提高,数据资源的广泛有机整合在不久的将来会成为现实。具体而言,是整合更多的政府内部数据,将热线数据融入一网统管数据库当中,接入无人机、卫星遥感等数据源,并整合手机信令、消费等社会数据,打造以12345热线诉求数据为核心的问题线索发现中心,抽取实体,形成场景化的问题,利用多维度数据对问题进行精准画像,降低问题的研判和解读的技术门槛,让问题自动化、生动化浮现。

二是整合更多行政资源,打造一体化诉求问题处置中心。大部分城市通过领导重视、高位推动来赋予12345热线更高的关注度、诉求督办和考核的职权,以此来督促成员单位更好地处置企业和群众的诉求。北京12345热线、济南12345热线等地方还通过立法实现了工作体系的制度化,固化创新实践经验。随着经济社会的不断融合发展,企业和群众诉求的复杂性、多元性、新质性逐渐呈现跨部门、跨层级、跨区域的特点,成为政府管理面临的重要挑战。因此,未来需要建立以12345热线为中心的社会治理共同体,以"整体政府"形象提供整体性服务、以"区域一体化"方式提供协同式服务。12345热线应基于场景化的问题画像能力,借助一体化信息平台,做到诉求接收、诉求分析、协同处置、督办考核一体化,实现诉求更具体、派单更精准、督办更及时、考核更科学。热线管理部门则应通过制定派单名录、形成协办机制、搭建共同平台等方式,充分发挥"治理催化剂"功能,全面串联、合力调配相关领域治理力量与资源,提升职责交叉、治理权责不足、审管执衔接不到位等引发的集中问题,提升疑难问题的"即办"与"预防"工作效果,发挥"总调度"的作用。

三是整合更多知识资源,打造城市体主动健康管理中心。城市治理是个复杂体,有一办一的被动处置诉求属于"头痛医头""脚痛医脚",不仅让政府部门疲于奔命,也难以做到"溯本求源",从根子上解决问题。12345热线逐步从单向接听转向多向互动,从诉求被动处置转向问题主动治理,从诉求转派转向问题预防。随着数字化治理模式的推广应用,问题的发生、识别、处置、效果评估都以数据化、场景化的方式被记录下来,形成了诉求问题全生命周期的数据库,城市运行健康状况变得可记录和可度量,使得城市体主动健康管理成为可能。12345热线通过整合政府、学术界、社会的智库人才资源,整合多学科知识,基于诉求问题全生命周期的数据库,分析问题发生的规律,形成城市体健康算法。不同规模、不同发展阶段、不同资源禀赋、不同文化的城市具有独特的健康体征,通过主动健康管理,能够实时监控城市的运行状况,输出有针对性的主动治理策略,采用"治未病"的方式,降低城市治理成本,提高城市可持续发展能力。

二、积极应用新技术,加速热线智能化转型

在技术进步和数字政府建设要求的大背景下,12345热线数智化转

型是大势所趋。根据零点有数2023年开展的12345热线智慧治理普查结果,超半数热线单位已探索应用社情民意感知大屏、智能客服、智能分类、智能派单、智能回访等智能技术,对智能技术的理解、规划、应用水平逐步提升,但全国热线数智化整体仍处于发展初级阶段,存在基础设施支撑不足、数据治理难度大、智能化运营体系缺失等问题。在此背景下,12345热线正逐步从强调数据生产、数据汇聚转向数据应用、数据治理。

一是强化人机交互应用,提升服务体验。不少地方12345热线积极探索使用智能交互式语音应答(IVR)、智能外呼、智能回访等功能,减轻人工客服的压力,提供稳定的、24小时不间断的服务。但受到技术成熟度、用户接受度、系统整合度、法律法规适用度等多方面限制,当前还处在探索起步阶段,语音识别准确率不够高、情感识别和复杂问题处理能力有限、流程设计不够合理,无法提供足够的个性化服务,影响着用户体验,也直接影响着企业和群众诉求的反馈效率和12345热线的公信力。随着新技术的不断涌现,在出现颠覆性技术后,重构业务逻辑和基础,很多应用难题很可能在一夜间就能得到解决。大模型的不断成熟,训练语料的不断丰富,垂直领域大模型的应用落地,为热线人机交互开辟了新的赛道。此外,5G/6G未来通信技术的快速发展和商用,将为热线系统提供更加稳定、高速的网络环境,支持更高质量的语音和视频通话服务。多模态交互技术能够结合计算机视觉、语音识别和自然语言处理等多种人工智能技术,提供更立体的信息呈现方式,打造高度拟人化的虚拟数字形象(数字人),不仅可以直观展示业务信息,还能提升热线服务的亲和力和服务体验。

二是优化智能运营功能,提升运营效能。随着业务压力不断增大、运营要求不断提高、运营成本不断提升,热线业务运营智能化转型已迫在眉睫,智能派单、智能质检、智能培训等应用场景已初见成效,能够大幅提升热线运行效率。从全国范围来看,当前12345热线智能运营仍存在准确性和效率不高、应用场景受限等问题。未来需要挖掘更真实的智能化垂直应用场景,做好业务标准化、经验模型化等基础工作,进一步提升智能运营功能的应用效果。利用区块链技术,可以记录各个热线处理环节的数据安全性和不可篡改性,提升热线服务的信任度。在智能派单和督办环节,在诉求问题的确认和诉求处置效果检查中,可以将城市信息模型(city information modeling,CIM)、无人机和物联网计算结合使用,提供更准确的地理位置和环境信息,提高问题确认和处置效果检查的准确性和透明度。在智能质检和培训环节,可以利用空间计算技术创建三维虚拟培训环境,提供更加直观和互动的学习体验,让话务员在沉浸式环境中学习和练习接听电话、处理工单等任务,增强培训效果。

三是深化数据智能应用,提升辅助科学决策能力。当前,大部分12345热线对诉求数据的分析还停留在描述性统计阶段,未充分挖掘热线诉求大数据的价值,需要重点关注自动分析、多源数据分析、风险预警等技术,强化问题感知和研判能力,推动实现"冬病夏治""未雨绸缪""防患未然"。除了数据分析的精度和深度以外,数据处理效率和数据安全也是影响数据智能分析应用的关键点。未来会更广泛使用人工智能技术构建知识图谱,充分利用业务小模型和场景大模型集成的综合分析智能体(AI Agent),利用业务和技术的双向驱动,不断拓展智能体的能力边界,更高效和更全面地分析诉求之间的内在联系,为决策提供支撑,提高诉求问题分析的精准度。利用云计算、边缘计算减少数据存储和传输的延迟,提高诉求数据处理的效率。利用隐私计算、数据加密技术的手段,确保诉求数据在收集、存储、传输和处理过程中的安全性和完整性。

在经济社会数字化转型和治理能力现代化建设的大背景下,12345 热线的数智化转型应与数字经济、数字政府、数字营商环境等工作相融合,统筹规划和部署智能发展体系,探索跨部门数据融合、功能或模型复用、系统整合或拓展、消除数据孤岛等工作。除了新技术应用以外,未来在政策支持、标准制定、人才培养等方面也需形成更好的生态,更好地挖掘诉求数据宝藏,让数据鲜活起来。

三、持续探索新场景,拓展热线价值化赋能

12345 热线借助资源整合和技术手段不断探索新的应用场景和多元化的服务,能够提升服务价值。当前大部分地方热线通过热线平台的信息共享、数据分析等功能,在赋能政府管理、社会治理和产业发展方面有了一定的探索经验和初步成效,未来需要不断拓展热线多元化赋能应用场景,推动新质生产力广泛应用。

一是打造政务知识应用场景,加快政务服务新人才培育。发展新质生产力的关键在人才,特别是具有创新精神和能力、跨学科知识和技能的复合型新质人才。12345 热线是获取和处理社情民意的一线阵地,有最鲜活、最丰富的政企互动案例,集合最全面的政务知识,针对新形势、新问题有最前沿的解决思路和解决方案。通过在热线中心培训,政务工作人才可以更快速、更全面地了解企业和群众最真实的需求和意见,增强政策和服务举措的针对性和有效性,不断学习和更新政策法规知识,提高专业素养。此外,热线工作要求快速响应公众诉求,有助于培养人才的沟通能力、问题解决能力、应急处理能力和决策能力。热线工作往往需要跨部门协作,有助于培养人才的协调能力和团队合作精神。将12345 热线作为政务人才的培养基地,借助数据资源、技术资源、场景资

源、人才资源形成完整的人才培养体系,为各层级政府和职能部门培养新质人才,有助于提升政务服务水平和效率,还能够助力政府管理转型升级,更好推动新质生产力落地生根。

二是打造话务管理应用场景,加快呼叫产业新业态培育。热线所在的呼叫行业通常被视为劳动密集型的传统行业,具有人力依赖高、工作强度高、人员流失大、成本压力大等特征。12345热线是呼叫行业转型升级的主阵地,一方面是加快新技术应用落地,通过政府采购、资源合作等手段,作为新技术应用示范项目,为首台(套)技术装备应用提供场景;另一方面是加快应用场景的复制推广,形成应用案例和标准规范,推动呼叫中心全行业的技术进步和创新发展。随着新技术的创新和应用,人工智能和机器学习应用、多渠道整合和跨平台支持、远程办公与协作、个性化服务和用户体验优化、实时数据分析和预测性分析管理等应用场景不断落地,使得呼叫行业新技术含量不断提升、高技能人才比例不断提高、服务效率不断提高、服务成本不断降低,催生着更加智能化、个性化和高效化的新业态,创造出新的产业空间。

三是打造数据要素应用场景,加快新兴产业新动能培育。在新质生产力的发展中,数据要素扮演着至关重要的角色,在提升全要素生产率、推动科技创新、推动产业深度转型升级、推动生产要素创新性配置等方面发挥着重要的作用,具有广泛深远的应用场景。12345热线的诉求数据质量高,具有数据量大、覆盖面广、实时性高、真实性强、多样性丰富等特点,数据蕴含价值巨大。通过不断优化数据收集,优化分析和应用机制,可以进一步提升数据要素的价值,在"数据要素X"行动计划下发挥出更加独特的价值。例如,开放交通管理诉求数据,通过数据分析,一方面可以为交通管理部门优化交通规划和管理提供参考,提高城市交通效率;另一方面可以为交通导航企业优化线路算法提供支撑,提高导航服务准确度。通过诉求数据开放，能够促进数据产业发展，催生新的商业模式和服务模式，为新型产业的发展培育新的发展动能。随着技术的不断进步和应用场景的不断拓展，12345热线诉求数据要素将发挥不可替代的作用，助推新质生产力的蓬勃发展。

附 录

政务服务便民热线发展回顾

回顾过去 40 年的发展,12345 热线作为政府与民众沟通的重要桥梁,经历了从无到有、从单一到多元、从初级到成熟的发展历程,服务的广度和深度一直不断延伸。然而,12345 热线的兴起和发展始终与信息技术创新、社会文化变迁和政府职能转型密不可分。可以说,12345 热线 40 年的发展过程,也是与最新技术融合的过程。

一、初创:早期探索阶段(1983—1997 年)

早期探索阶段是 12345 热线发展的起始阶段,这一时期的政务热线主要是市长公开电话,其主要目的是建立政府与市民之间的直接沟通渠道,解决市民日常生活中遇到的问题。

(一)发展背景

改革开放初期,随着经济社会的快速发展和深刻变化,各种社会矛盾日益凸显,传统的政府服务模式已无法满足社会需求,为此需要寻找一种有利于缓解发展矛盾、解决公共问题的全新途径。

为更好地联系和服务民众,快速解决伴随经济社会改革与利益调整而形成的诉求问题,一些城市开始探索建立市长公开电话,即政务热线的早期形式。1983 年被称为政务热线发展的元年,沈阳、鞍山、武汉等城市在这一年设立"市长公开电话",标志着政务热线在中国的诞生。随后全国其他城市迅速推广,重庆、西安、广州、深圳、北京、上海等数十个大中城市相继开通市长热线,进一步推动了政务热线的发展。

(二)主要特点

早期探索阶段的政务热线通常被称作"市长热线""市长公开电话""市长专线电话",主要由地方政府自发设立,不同地区的热线名称、服务内容和运作模式各有差异,但普遍具有数量较少、规模较小、功能单一的特点。

(1) 技术配置简单。早期政务热线只是利用普通电话机通过小交换机提供简单的人工服务,通常由市长办公室工作人员负责接听,记录问题并转达给相关部门。大部分地方只有1部固定电话、1个接线人员,热线接通率较低。比如1987年设立的北京市"市长电话",当时也仅有1条电话线路、3个接线人员。

(2) 覆盖范围有限。电话技术的出现和普及极大地推动了政务热线的早期发展,它不仅降低了公众表达意见的难度,还满足了人们对高效互动的需求。然而,受限于当时的电话普及率,政务热线的覆盖范围和群体相对有限。1983年,中国的每百人电话拥有量仅为0.49部,即使经过10年的快速发展,这一数字也只增长到2.22部。

(3) 服务内容单一。早期政务热线设立的主要目的是作为群众的投诉举报渠道,以减少信访压力,同时了解民情和实行监督,能够受理的事项较为单一,聚焦于借助"市长"所代表的政府力量,帮助市民解决日常生活遇到的问题和困难等。

(三)社会影响

早期探索阶段的政务热线虽然在人员配置、覆盖群体和服务内容上相对简单和有限,但其不仅为政府与市民之间的沟通搭建了桥梁,也为后续政务热线的发展奠定了基础,为提升政府服务效能和推动社会治理现代化提供了宝贵经验。早期的政务热线的设立,打破了政府与市民之间的沟通壁垒,使得市民可以直接向政府反映问题和提出建议。这种直接沟通的方式提高了政府工作的透明度和公信力,同时也促进了政府服务意识的提升和政府职能的转变。

二、破局:升级发展阶段(1998—2009 年)

升级发展阶段是 12345 热线发展的关键时期,这一阶段的 12345 热线开始向统一化、信息化和多元化方向发展,服务内容和功能得到显著扩展,覆盖范围也逐渐扩大。

(一)发展背景

随着政务热线的持续运作和发展,其知名度和认可度不断提升,面对的服务需求也呈现出多样化和复杂化的趋势。为满足逐步增多的群众诉求,解决由于难以拨通、效率低下等而受到诟病的问题,部分政务热线陆续开始进行升级,探索更加高效、便捷的服务方式。1998 年,沈阳市成立"市民投诉中心",以解决市长公开电话条件有限、渠道不畅、效率不高、协调力度不强等问题。

2004 年 2 月,时任总理温家宝在讲话中首次提出"服务型政府"的概念。2006 年 10 月,党的十六届六中全会明确提出服务型政府的建设要求,强调要"建设服务型政府,强化社会管理和公共服务职能"。在此背景下,12345 热线作为打造服务型政府的重要途径,也迎来新的发展机遇。随着服务型政府建设的深入推进,各地 12345 热线的服务内容不断丰富、服务方式不断创新、服务质量持续提升,在打造更加开放、透明、高效的政府服务体系方面发挥了积极作用。

（二）主要特点

升级发展阶段的政务热线开始向"12345"统一号码转变，服务内容和功能更加多样化，覆盖范围逐渐扩大，并逐步向地级市、县区延伸。

(1) 统一特服号码。1999年6月15日，杭州在全国首创使用"12345"作为市长公开电话特服号码。同年，信息产业部宣布将"12345"作为全国统一的政务热线号码。此后，"12345"成为越来越多政务热线的统一号码，辨识度和易用性得以提高。"12345"逐渐成为政务热线的代名词，"12345，有事找政府"更是成为脍炙人口、深入人心的口号。

(2) 引入现代信息技术。随着转接呼叫和应答等需求增多，12345热线开始引入计算机系统、呼叫中心技术等现代信息技术，通过人工应答＋IVR语音自助平台，提升服务效率和质量。2003年8月，广州市市长专线电话受理中心正式成立，市长专线电话从原来一台电话、一支笔、一张纸的沟通记录方式，发展为网络化办公、信息化运作。2004年，国家信息化领导小组办公室发布《关于加强政府信息化建设的指导意见》，电子政务的实施进一步推动了政务热线的信息化建设和发展。

(3) 服务内容扩展。12345热线成为普通百姓向政府反映情况、表达诉求和提出意见建议的重要渠道，并且逐渐变成具有咨询、非紧急救助、突发事件协调等功能的综合性城市管理工具。2007年，北京市在12345市长电话的基础上组建北京市非紧急救助服务中心，统一受理并协调办理市民和外地人员除紧急报警之外向政府提出的各类诉求和救助事项，收集市民对城市管理的批评建议，进行社情舆情的汇集和分析等。政务热线从最初的因公共领域服务不成熟的临时产物，逐渐演变成城市管理的有效工具。

(4) 综合热线与行业热线并存。从1999年国家工商行政管理总局开通12315消费者投诉举报专线之后,政府各职能部门纷纷设立各自的咨询热线,成为政务热线的重要组成部分,这一时期也被称为"行业热线的繁荣期"。然而,12345热线与各部门、各行业的热线并存,建设和管理存在诸多问题,行业热线在提供专业领域咨询、投诉、建议等服务的同时,也导致了热线种类繁杂、号码难记、资源分散、接通率低、推诿扯皮等新问题。

表6 部分国家部委热线开通情况

序号	热线号码	热线名称	开通部委	服务内容	开通时间
1	12315	消费者投诉举报专线	工商行政管理总局	依法受理和处理涉及工商职能范围的消费者咨询、申诉和举报	1999年
2	12348	法律援助咨询专线	司法部	提供免费法律咨询和公共法律教育服务	2001年
3	12358	价格举报电话	发展和改革委员会	受理价格政策咨询、价格违法行为举报投诉	2001年
4	12365	打假举报电话	质量监督检验检疫总局	受理企业、消费者对产品质量的投诉,对质量违法行为的举报,以及对产品质量安全问题进行鉴定等	2001年
5	12366	纳税服务热线	税务总局	提供纳税咨询、办税指南、涉税举报、投诉监督等服务	2001年
6	12369	环保举报热线电话	环境保护部	受理环境污染、生态破坏的举报事项及生态城市建设方面的咨询	2001年
7	12319	全国建设事业服务热线	住房和城乡建设部	受理群众在城市生活中遇到的有关建设领域的报修、监督投诉、咨询及城市建设和管理的建议	2002年
8	12333	人力资源社会保障政务公开电话	人力资源和社会保障部	提供人力资源和社会保障政策业务咨询、政务公开、投诉举报、社会账户查询等服务	2003年

续　表

序号	热线号码	热线名称	开通部委	服务内容	开通时间
9	12316	"三农"服务热线	农业部	为农民提供政策、科技、假劣农资投诉举报、农产品市场供应、价格等服务	2006年
10	12312	商务举报投诉服务热线	商务部	接收对扰乱市场秩序行为以及侵犯知识产权行为的举报投诉；提供商务领域有关法律法规、规范性文件以及行政审批和办事成效等方面的咨询、制度服务	2006年

（三）社会影响

在升级发展阶段，12345热线通过引入现代信息技术，实现服务内容和方式的创新，服务承载力和影响力得到显著提升。它不仅成为市民获取政府服务的重要途径，也成为政府了解民意、改进工作的重要工具。12345热线这一阶段的发展，促进了政府服务的透明化和便民化，增强了政府与市民之间的互动和沟通，也为12345热线后续的整合升级和智能化发展奠定了坚实的基础。随着社会的发展和技术的进步，12345热线将继续在提升政府服务效能和满足市民需求方面发挥关键作用。

三、成熟：整合规范阶段（2010—2019年）

整合规范阶段是12345热线发展中的又一关键时期。政务热线开始进入大整合时期，服务内容和功能得到进一步的扩展深化，同时其管理体制、服务渠道、技术应用等方面也有了质的飞跃，部分12345热线通过技术升级和流程优化，实现了多渠道受理和24小时服务。

（一）发展背景

党的十八大以来,党中央、国务院通过政府机构优化、职能转变、流程再造、管理方式改进等措施优化政府职能配置,提高政府运行效率,增强政府治理能力。这一时期12345热线的发展和变革,是宏观层面"放管服"改革的具体体现,各地12345热线逐步形成多位一体的监督考核体系,形成效能监督的有力抓手。2018年4月,12345热线首次出现在国家层面文件《政务公开工作要点》中,有效提升了地方政府对热线的重视程度。

此外,社会治理模式的创新为12345热线的重新定位提供了契机。2013年11月,党的十八届三中全会提出"国家治理体系和治理能力现代化建设"的重要命题,12345热线因其在问题发现、政民互动、问题解决等方面的优势,逐渐成为城市管理者有效开展城市治理的重要抓手。

与此同时,市民诉求量持续上升,12345热线面临如何有效降低运营成本并提升运营效率的挑战。为此,12345热线在制度化、标准化、规范化建设等方面快速推进,寄希望于通过整合资源、优化流程来提升自身的服务质量和管理效率,从而化解服务压力与成本困境。

（二）主要特点

整合规范阶段,外部环境和内在因素均对政务热线提出转型要求。在此背景下,12345热线持续强化综合性政务热线建设,构建服务、数据、管理的标准体系,并尝试进行智能化、智慧化探索。

(1) 热线大范围整合。为解决以往政务服务号码多、接通率低、办理低效、管理分散、信息难共享等问题,各个城市陆续建设统一政务热线服务平台,通过"融合、整合、合作、联动、对接"等不同方式接入政府各部门、各单位和公共服务各行业的热线和平台资源,从热线号码、成员单位、对象范围、服务功能等各个方面进行整合升级,并形成多级联动体系。例如,广州、杭州等城市在热线整合的基础上实行"一号对外、多线联动、集中受理、分类处置、统一协调"的工作机制,天津、苏州等城市更是进一步整合政务热线的便民服务功能。然而,这一阶段各地热线管理工作仍分散于政府办、信访办、工商局、工信局、政务中心等不同的政府职能部门。

(2) **推进标准化试点**。这一阶段,各地 12345 热线积极探索热线受理规范化、办理流程化、服务标准化,多项政府热线服务类国家标准和地方标准陆续出台,以期简化业务流程、规范管理机制、提升服务效率。例如,2014 年,河北省发布了《12345 市长热线服务规范》。2016 年,原国家质量监督检验检疫总局、国家标准化管理委员会发布了《政府热线服务评价》和《政府热线服务规范》,标志着 12345 热线进入国家设定标准、以国家标准引领地方热线发展的新阶段。作为国家标准化试点,苏州市 12345 便民热线、济南市 12345 市民热线等逐步实现了在标识、网络、人员、设备、机构、场所等要素上的规范统一。这些热线标准化建设方面取得的成效,为其他政务热线标准化工作提供了借鉴。与此同时,各地 12345 热线开始重视工作人员的专业培训,不断提升其接听电话的服务水平和应对复杂问题的能力。

(3) **服务渠道多元化**。随着互联网和移动通信技术的快速发展,政务服务线上化速度明显加快。因其实时性和交互性的特点,12345 热线在办事指引和咨询投诉方面发挥着独特作用,在实现功能互补、用户互动和服务互动方面展现独特价值,是"互联网+政务服务"不可或缺的一环。2009 年,沈阳市将原有的 100 多部便民电话、80 多个网站、120 多个信箱整合为集电话、网络、信箱三位一体的市民服务热线。此后,各地

12345热线也开始整合电话、互联网、短信、移动应用、社交媒体等多种渠道,提供24小时不间断、全方位服务,并探索与其他政务服务渠道之间的融合。2017年,广州市12345政府服务热线初步实现了与市、区、街(镇)三级实体政务大厅和网上办事大厅的功能整合。

(4) **智能化技术引入**。在技术发展和成本压力的驱动下,各地12345热线开始探索从"人工热线"转为"智能热线"。部分政务热线尝试引入人工智能客服、云计算、大数据分析等先进技术,以提升响应速度和服务质量。这一时期,12345热线主要在派单和语音回访等环节尝试使用智能化的工具,实现工单智能语音录入、智能查重、辅助派单、工单管理等方面的初步应用。例如,南京市12345热线的智能派单预处理系统,通过线性神经网络模型和深度学习等技术手段对历史工单数据进行挖掘,利用智能推荐算法模块预判工单处理单位,提升工单流转时效。再如,合肥市12345热线的自助语音导航、自助语音播报及智能语音回访系统,利用语音识别及语音合成技术,探索减轻人工服务的工作强度。

(5) **发展面临转型困境**。各地12345热线建设工作基本完成,但热线实际作用的充分发挥仍然面临三个不足。**第一,权威性不足**。市民拨打12345热线最直接的诉求是咨询能获得准确答案,投诉能快速解决。但很多地方政务热线对相关职能部门和属地单位缺乏指挥棒机制,无法督促相关单位更好履职,容易停留在"传达室"的角色上。这一阶段,国家层面没有出台专门的热线工作指导意见,只在"互联网+政务服务"、政务服务"好差评"工作中提及热线的辅助服务功能。**第二,资源投入不足**。随着12345热线整合升级工作持续开展,其服务范围持续扩展,诉求数量也不断增加。然而话务坐席数量不可能无限制增加,现阶段线上智能化水平又不足以支撑快速提升的诉求数量,热线接通率低、转人工时间长、线上渠道有效性低等问题再次出现,暴露出资源投入不足的问题。**第三,数据利用不足。**在提供信息咨询和回应社会诉求的同时,12345 热线积累和沉淀了海量的数据信息,其中隐藏着民生难点热点、行政效能监察等方面的一手热点信息。全国多数 12345 热线虽建立了信息报送制度,但报送材料多停留在简单数据汇总层面,难以引起地方领导重视,且由于缺乏统筹规划和技术支撑,热线数据在应用于科学决策方面仍然举步维艰。

(三)社会影响

作为重要的政民互动渠道,12345 热线能够提供一对一的即时服务,强针对性及强交互性是其区别于其他政务服务渠道的重要特点。进入移动互联网时代,社会公众更加注重高效、便捷、高质量的服务体验,这在多元渠道整合、服务流程再造、智能技术嵌入等方面对 12345 热线提出了更高的要求。整合规范阶段的 12345 热线在管理机制、服务渠道、技术应用等方面实现重大突破,通过管理和技术创新为社会公众提供了更加高效、便捷、多元的服务。

此外,在整合规范阶段,12345 热线有效整合了非紧急类热线服务资源,并且涵盖了政府职能部门、企事业单位等不同领域的成员单位,为跨部门、跨层级、跨区域的协同管理和服务提供了基础,推动了政府服务和社会治理模式的转变。这一阶段,不少地方开始从精准治理、智慧城市等视角重新认识和定位 12345 热线的发展。例如,北京、上海、海口等地在探索"12345+网格化",致力于构建以 12345 热线为受理渠道、以信息化技术为支撑手段、以网格化治理为重点、以一线解决问题为目标的社会治理新模式方面做出了许多贡献。此外,广州也在探索超大型城市社会治理的新路径,并提出建设"一卡通行、一号接通、一格管理、一网办事、一窗服务"的新型社会治理和政府公共服务模式。

四、转型：融合创新阶段（2020年至今）

当前12345热线进入融合创新阶段，既面临数字化转型、智能化升级等新时代的挑战，也迎来了新一轮的发展高潮。12345热线需要适应快速变化的社会环境、技术革新以及公众日益增长的服务需求，实现数字化向智能化的过渡与转化。

（一）发展背景

2020年12月，《国务院办公厅关于进一步优化地方政务服务便民热线的指导意见》（国办发〔2020〕53号）发布，提出要打造便捷、高效、规范、智慧的政务服务"总客服"。在此之前，《2018年政务公开工作要点》《中共中央办公厅国务院办公厅关于深入推进审批服务便民化的指导意见》《2019年政务公开工作要点》等文件对"统一的热线平台""一号对外""一号响应""一站式服务"等，也提出过相应发展方向，但多数只是作为相关政策的一项或若干项子内容出现。本次专项指导文件则是从政务服务便民热线实现一个号码服务的指导思想、工作目标、基本原则以及运行机制和能力建设等角度进行系统阐述和周密部署，并将组织领导、制度保障和社会参与等作为保障措施加以重点强调，对新时期政务热线的定位功能、发展方向、实施方案提出了具体要求。

12345热线在新冠肺炎疫情防控过程中承担着传递权威声音、回应公众诉求、听取意见建议、发现漏洞问题、稳定社会情绪等重要职责，是政府与社会公众实时互动沟通的主要窗口，为疫情防控和应急响应提供了有力支持。其突出表现凸显了12345热线在城市治理中的重要作用，极大提升了地方政府资源投入力度，也使得热线数字化转型被列为重要议事日程。随着互联网、物联网、人工智能等新一代数字技术的快速迭代与普及推广，12345热线数智化发展进入快车道。不少地方12345热线将数字化和智能化技术融入接诉、办理、评估、治理等环节，实现自助下单、智能客服、智能语音等智能化应用，并探索了智能知识库建设。

（二）主要特点

零点有数自2011年开始持续监测全国政府热线服务质量，数据显示近年12345热线服务质量呈现持续提升态势。在此阶段，大部分12345热线已经完成呼叫中心向数据中心的转变，也有一些12345热线已经朝着治理中心迈进。

(1) 跨部门整合归并。国办发〔2020〕53号文发布后，各地对各类非紧急政务服务热线摸底调查，以实地调研、会议沟通等形式了解未归并热线的建设情况、运行情况、存在问题以及归并方式，并以一个号码服务企业和群众为目标，加快推进非紧急类政务服务便民热线归并融合。例如，江苏省2021年底通过整体并入、双号并行、设分中心、"双号并行＋分中心"4种形式将35条热线归并到12345热线，实现了一体联动服务。再如，杭州市自2016年底开始陆续将食品药品投诉热线96311、交通投诉举报热线12328、人力社保政策咨询热线12333等全市55条非紧急类政务热线整合进入12345热线，并在2021年进一步整合，现在全市75条非紧急类政务热线均已归并至12345热线。

(2) 省市县一体化。一是构建"省市县一体化"热线工作体系。近年，各地持续推进省级层面综合性、全覆盖的12345热线建设，并且进一步提升省、市、县协同效率，实现省、市、县话务转接、业务协同、数据汇聚、知识库共享，加快构建跨层级、跨地区协同联动新格局。例如，2020年11月，河北省12345政务服务热线开通试运行，覆盖全省、省市联动、互联互通的"一号响应"格局基本形成,同时加强与北京、天津等地12345政务服务热线的工作联动,不断拓展政务热线服务京津冀优化营商环境的功能,推进京津冀热线一体化发展。再如,2021年6月,"粤省心"正式上线运行,其由省、市12345热线平台组成,通过省、市、县、镇、村五级协同联动各部门诉求处置。**二是推进"省市县一体化"热线服务平台**。例如,江苏省此前共有60个12345话务平台,系统较分散、功能同质化,建设运维费用重复投入;业务规范不统一,造成跨地区跨层级协同难;数据标准不一致,全省12345热线汇聚的数据质量不高,制约数据价值有效利用。为此,江苏省集成集约建设一体化服务平台,以解决平台林立、重复建设、功能分散等突出问题,提升热线服务整体效能。

(3) **跨渠道融合**。当前,各地12345热线已经从电话单一渠道服务模式发展到融合电话、网站、小程序、视频等综合渠道的全媒体服务模式。例如,北京市12345热线自2019年以来陆续整合政务微信、微博、网站、"北京通"App、人民网"领导留言板"、国家政务服务投诉与建议等16个网络渠道,打造从耳畔到指尖的全方位服务热线。根据零点有数2023年监测结果,12345热线网络端运行质量得分为83.04分,比上一年提升了8.22分,其中信息可得性提升最为明显,网络端呈现内容更加丰富、检索更加便捷有效。但是根据调研情况,网络端业务分流能力仍有局限,网上服务渠道的信息可得性和服务有效性仍需大力提升。

(4) **智能化应用升级**。随着云计算、大数据、人工智能、自然语言处理等技术的日趋成熟和持续迭代,12345热线的数字化和智能化转型步伐也愈加快速,并且融入我国数字政府的整体建设之中。近年,各地的政务热线积极采用云计算、大数据、人工智能、语音识别、自然语言处理、机器学习等新技术提升自身的自助服务能力和复杂问题处理能力,开发智能客服、智能质检、智能工单、智能分类、智能派单、智能知识库、智能分析等应用,大大缩短了诉求处理周期。零点有数 2023 年监测结果显示,已有 162 个城市的电话端热线提供智能语音服务,智能客服数量较上一年增加 8 倍;超过七成的城市可通过网络端关键词检索方式搜索到指定问题。另据 12345 热线内部运营情况调研,超过六成的受访热线单位认为智能化建设是近年热线资源投入的重要内容之一,但与此同时不少城市也提出知识库建设、工单录写、工单质检、热线派单等方面智能化水平亟须提升的问题,尤其是数据应用智能化不足的问题。

(5) **大模型的深入应用**。在数字化转型的浪潮中,智慧热线应用已成为提升政府治理能力和服务水平的关键路径。2022 年,ChatGPT 大模型技术的出现,为政务热线提供更精准、更个性化的服务提供了可能。2023 年起,部分政务热线单位开始积极探索大模型在政务热线领域的应用。同年 7 月,国家网信办等七部门联合公布《生成式人工智能服务管理暂行办法》,规范了生成式人工智能的同时,鼓励其创新发展应用。2024 年,12345 热线单位陆续交出了在大模型使用中的探索答卷。广州市海珠政务云脑大模型运用自然语言处理技术实现了热线工单全程智能转派、审核、办结,提高了热线响应效率;唐山市 12345 热线依托大模型实现了智能问答、智能制单等关键功能,优化了热线响应和服务速度,提升了公众满意度。2025 年年初,DeepSeek-R1 推理大模型凭借其强大的自然语言处理能力,开启了新一轮的大模型接入使用浪潮,为智慧政务注入新的活力。截至 2025 年 3 月,全国已有超过 15 个省份 30 余个城市的 12345 热线平台接入 DeepSeek 大模型,以提高解决群众问题的能力,提升 12345 热线的服务满意度,不断探索应用场景,推动政务服务热线智能化改革走向新时期。

(6) **深度融入社会治理**。12345 热线所集聚的海量数据其实隐藏着民生难点热点、行政效能监察等方面的一手热点信息,是政府感知社情民意的"传感器",因此各地不断探索推进12345热线诉求与基层社会治理有机融合。在融合创新阶段,12345热线已成为反映社情民意、提升政府治理能力和创新社会治理方式的重要手段和渠道。其中,北京市以12345市民服务热线为主渠道建立"接诉即办"快速响应和"未诉先办"主动办理机制,通过热线工单数据来感知社情民意、加强协同治理、提升科学决策,成为群众诉求驱动超大城市治理的标杆典范。此外,各地12345热线不断强化诉求数据挖掘,通过建立日报、周报、月报、专报、年报的报告体系,开展对高频民生热点问题、治理难点堵点问题的深度诊断,系统呈现民众诉求的分布情况和政府部门的治理效果,形成对社会运行、政府治理的全面理解和认知,并提出针对性的对策建议和解决方案,发挥辅助政府决策的施政关键性作用。

(三)社会影响

在经历初始起步、归并整合、规范建设等阶段后,各地12345热线已进入高质量均衡发展的快速发展期。这一时期,政务热线因在应对突发事件、提供高效服务、适应技术变革、促进社会参与等方面表现突出而受到广泛关注与高度重视,其存在的诸如资源投入不足、服务能力不强等问题则得到了根本性解决。

在此背景下,12345热线正逐渐从强调数据生产、数据汇聚转向数据应用和数据治理。12345热线不仅是地方政府数字化转型的代表性举措之一,也是以社会公众参与推动社会治理创新的成功尝试,得益于准入门槛低、交流互动强、影响范围广、执行力度大的特点,12345热线已经得到企业和群众的普遍信任与依赖。近三年,全国12345热线在"接得更快、分得更准、办得更实"各个方面均有明显进步,但距离人民群众期待仍有一定距离。未来需重点解决两个问题:一是在诉求数量持续激增的情况下,如何对企业和群众需求保持较好的响应性;二是如何以热线诉求为线索推动城市治理现代化水平提升,进一步提升问题解决的有效性。

致　　谢

历时 6 个月,调研 30 余个省级 12345 热线管理平台,梳理 100 余项 12345 热线管理和考核办法,收集 2022 年以来 580 余份 12345 热线运营外包项目招标与合同文件,北京零点有数数据科技股份有限公司推出的《新质化探索:政务热线新能量场建设实践》终于与大家见面。

本书的定位,是系统梳理 12345 热线发展历程、深入总结 12345 热线发展经验、前瞻研究 12345 热线新质发展方向,以期为全国 12345 热线发展贡献一份绵薄之力。

本书的成型,要衷心感谢全国 12345 热线同仁的鼎力支持。我们在编写过程中,吸纳了近些年 12345 热线同仁分享的真知灼见,参考选编了历届 12345 热线大会收到的典型案例,研读了相关公开资料,诸般翔实材料是撰写本书的"养分之源"。

当然,一本书无法写完 12345 热线在新时代勇立改革潮头的宝贵经验,当中难免存在不完善之处,敬请 12345 热线同仁批评指正。我们也期待在交流与合作中,共创新质热线的美好明天。

《新质化探索:政务热线新能量场建设实践》编委会

2024 年 11 月

图书在版编目(CIP)数据

新质化探索：政务热线新能量场建设实践 / 北京零点有数数据科技股份有限公司著；付艳华主编. -- 上海：上海社会科学院出版社，2025. -- ISBN 978-7-5520-4769-1

Ⅰ. D669.3

中国国家版本馆CIP数据核字第2025JU1936号

新质化探索：政务热线新能量场建设实践

著　　者：北京零点有数数据科技股份有限公司
主　　编：付艳华
责任编辑：王　睿
封面设计：吴　雪
出版发行：上海社会科学院出版社
　　　　　上海顺昌路622号　邮编200025
　　　　　电话总机021－63315947　销售热线021－53063735
　　　　　https://cbs.sass.org.cn　E-mail:sassp@sassp.cn
排　　版：南京展望文化发展有限公司
印　　刷：浙江天地海印刷有限公司
开　　本：710毫米×1010毫米　1/16
印　　张：9
字　　数：109千
版　　次：2025年5月第1版　2025年5月第1次印刷

ISBN 978-7-5520-4769-1/D·759　　　　　定价：48.00元

版权所有　翻印必究